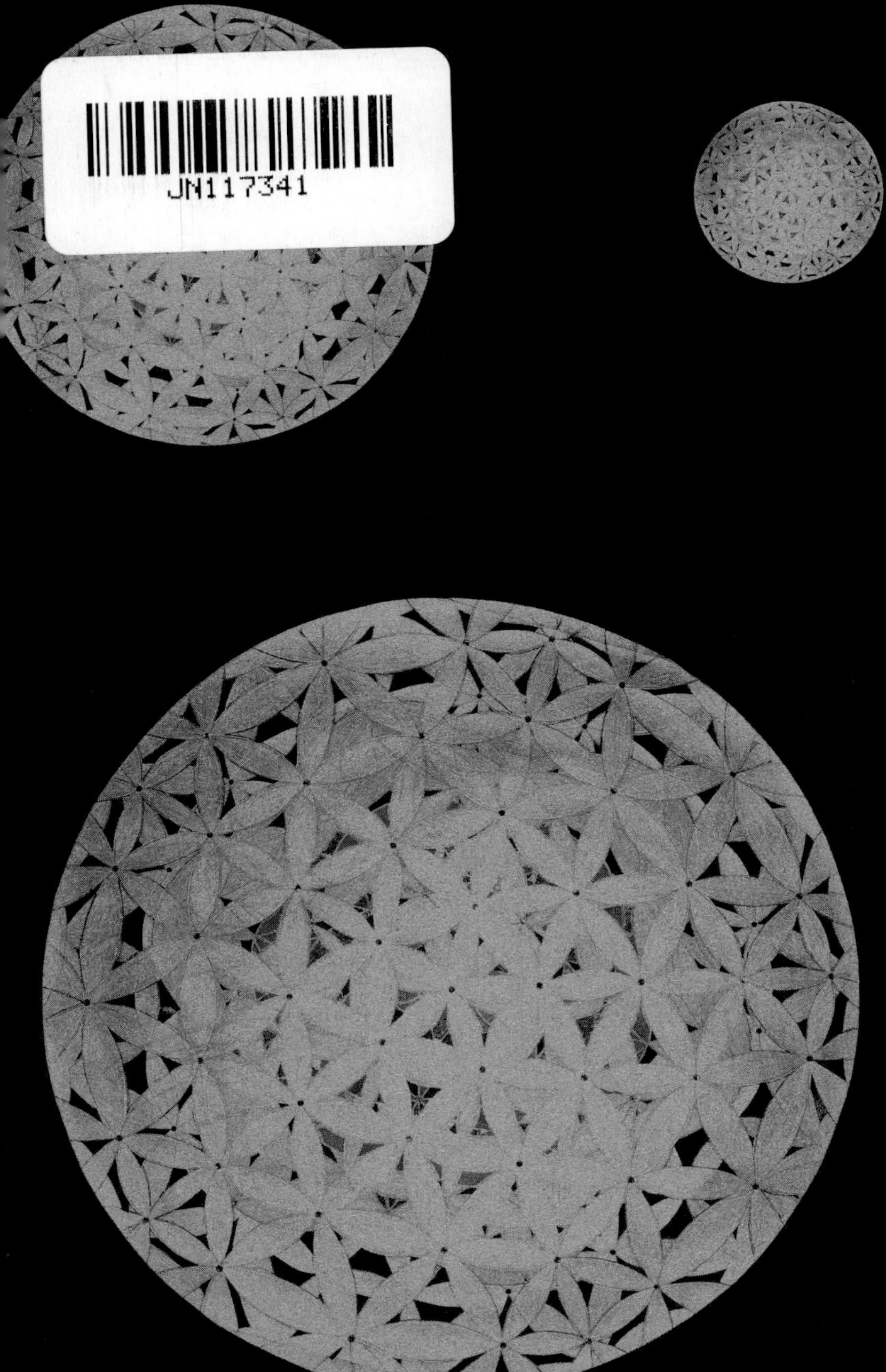

トッチ + 礒 正仁
tocchi masahito iso

日月神示、マカバ、フラワーオブライフ

宇宙の最終形態「神聖幾何学」のすべて

07 [七の流れ]

日月神示、マカバ、
フラワーオブライフ

宇宙の最終形態
「神聖幾何学」のすべて

07

[七の流れ]

表紙画像　トッチ
ブックデザイン　櫻井浩（⑥Design）
図版　波琉木
校正　麦秋アートセンター

時間軸のズレ、楽しめてますか？

日月神示、マカバ、フラワーオブライフ
宇宙の最終形態「神聖幾何学」のすべて7［七の流れ］ 目次

第1章 鳴っている、成っている 時代はすでに変わっている

7＝なる、成る、鳴る、生る 010
外の世界に答えはない、内側から答えを導きだす 012
宇宙は、一なる存在同士がお互いを認めあい、感謝しあう世界 015
綿棒ワークの本質は、たったひとつの真理と同期させること 018
宇宙の法則性から離れてしまった自分を認知する 022
時代が変わるのは、当然の話 025
今この瞬間こそが、過去 029
新しい時代を生きるよろこびと違和感 031

立体の世界は完全大調和　033
平面から立体に起きあがる＝よみがえり　040
同じ「1」でも分散すると変化が起きる　042
ゆがんだ部分が有限をつくりだす　047
「元ひとつ」のスタートが日本だとしたら　051
頭で考える「わかってる」は「わかってない」　053
見えないネットワークでつながっている　055
ゆるやかで気持ちよいトーラスを描く　063
神聖幾何学に祀ろうと、多次元を生きている自分を実感する　067

第2章　変化は進化の必然

あらゆるものが集まり、融合しているのが立体世界　072

これから、二極ではなく〝立体的に〟分かれていく　074
人生は『マトリックス』の世界に生きていることに気づくゲーム　078
立体世界では頂点がひとつではなく、いろんなピラミッドがある　081
安定したところから下げないと動きをつくれない　085
1増えただけで、無限に広がっている　089
片方のエネルギーが上がれば、もう片方のエネルギーも上がる　095
よろこびをもって渦に入っていく　099
エネルギーを回すと、実体化・物質化ができる　103
完璧な神聖幾何学を、人でつくる　106
いよいよもって、大真理が目の前に出たからには　109

第3章　人類はバージョンアップしていく

漢字は外に広がる、カタカナ・ひらがなは中心に集める　112
余計なものをのせてスタートする危険性　116
立体の世界にふれるのは、パンドラの箱を開けること　119
日本を知りたければ、世界を知れ　121
人工知能が、すでに人類の中で活動しているとしたら　125
一人の渦ができれば、まわりも整ってくる　127
反転するエネルギーを受け入れられる＝芯が通っている　128
フリーエネルギーは、個人の内なるエネルギー発動後の話　133
何でもできる自分をつくっていく＝本当の自由人　137

参考・引用文献　142

本書は、**２０１８年７月17日に**ヒカルランドで行われたセミナー『日月神示、マカバ、フラワーオブライフ　宇宙の最終形態「神聖幾何学」のすべて』12回連続講座　第７回（講師：トッチ・特別講師：礒正仁）をもとに、構成・編集したものです。

第1章

鳴っている、成っている
時代はすでに変わっている

7＝なる、成る、鳴る、生る

礒正仁　このセミナーも今日でいよいよ7回目となりますが、日月神示でいう7という数字には、もちろん、いろいろな意味があるわけですけれども。

7は「なる（成る、鳴る、生る）」と記述されている場面が数多く出てきます。7＝事が成る。鳴り響きあう。生まれいでる。というエネルギーの暗示でしょうか。

平面意識から見れば何もないように映る無（ム）なる空間も、意識を立ちあげていく道へと踏みだして、地道に歩みつづける。いつしか立体意識に行きつき、その意識をもってムを見つめなおせば、実はすべてがそろっている有（ウ）の世界だったことに気づくというのが、前回ム（六）の回のテーマでした。意識を立体化させていく道こそが、これまでにない新たな価値観や生き方をウム（生みだす）。

ム（六）の奥行きには一霊四魂《いちれいしこん》（五＝ウ）という魂の世界、宇宙をも生みだしている本質がわたしたちの内側に存在していることを感知し、その意味合いを行動として顕現《けんげん》していける存在（神人《かみびと》）としてよみがえりましょう、今こそ目覚めましょう、というのが、これまでの6回のセミナーを通してお伝えしたかったことのひとつです。

立体意識をもって観《かん》ずる六（ム）の世界は、すべての数霊《かずだま》が正しい位置でそろっていて（イズノメ）、法則性をもって動き回転しつづけることにより、すべてが生みだされている。なりなりて響きあっている世界の存在を、自らの内側に意識の周波数を高めていくことによって感得し、行動に移して外の世界の投影を変容させていくことこそが「魂の岩戸開き」であるということを、日月神示は伝えてきてくれているのだ思います。

「早く早くと申せども、立体の真道に入るは、小我《われ》死なねば、大我《われ》もなき道ぞ」

（第十一巻　松の巻　第二十四帖　三二五）

小我とは、これまでの自分（自我）。大我は、新たな時代を生きぬく真我《しんが》。でしょうか。

「国々所々に、神人鳴り動く、道は世にひらき極む、日月地更に交わり結び、その神々ひらき弥栄え、大地固成、まことの神と現われ、正し、三神は世に出づ、ひふみと鳴り成るぞ。」（第十一巻　松の巻　第二十三帖　三一四）

今回は、これまでのセミナーの復習もかねて、今というタイミングで、改めて大切なメッセージをお互いに共有しあえればと思います。

外の世界に答えはない、内側から答えを導きだす

礒　このセミナーの第1回は1月23日、ひふみの日にあわせてスタートしました。

宇宙創成の仕組み、神聖幾何学、日月神示、そしてわたしたち日本人の心の原郷《げんごう》ともいわれている古神道《こしんとう》、これらの接点といいますか、これらが時空を超えてわたしたちに伝えようとしている大切なこと。わたしたちが、今、迎えている大きな変容の時代に、そのかけがえのない伝承をどのように活かすことができるのか。それをわたしたちが正しく意識化しながら、あつかうことのできる精神性を磨きあげることによって、どのような生き方の選択を重ねていけばよいのか。それぞれが自らをごまかすことなく、自らの内にその答えを見いだしていくことこそが、魂との約束を果たすための表参道、鳥居の前に立つことだと思うのです。宇宙は、高速で動き回転し続けている。大変容の時代が到来することはみな、内側では感じている。これまでと同じ明日がやってくるという幻想からはやく抜けださなければ、スタートラインに立つことすらできません。

今までのやり方では決して通用しない新たなる時代の到来。すでにやって来ている新しい時代とわたしたちが同期していくために、自らこそが変容を求められているということ。であるならば、新しい時代にふさわしい行動をイメージして、実際に動いてみる。そうすることによって、自分がいかに自我意識を生きているかを痛感することになります。

新たな時代は、全体でひとつ、みな、元ひとつであることを落としこめていないと通用しない時代。それが宇宙の法則性そのものだから。このままでは消滅への一途をたどることになってしまう。

では、新たなる時代にふさわしい生き方とは？　二元性の集合意識体である外の世界には答えはないわけですから、自らの行動を通じて、内側から答えを導きだすしかないことを腑に落とす必要があります。

本当に全員が、一からやり直しだということに、どこまで腹を決めて行動へと移していけるのか。厳しいですよね。でも真実の道ですから、真我《しんが》はよろこぶんですね、動きだせば、それが感じられる。

宇宙は、一なる存在同士がお互いを認めあい、感謝しあう世界

礒　先日、ある方がトッチさんに、神聖幾何学について質問をしていたんですね。わたしは、かたわらでそのやり取りを聞いていました。

神聖幾何学。これは神なる聖なる幾何学とも読みとれますし、神を生みだす軌跡（神の足跡）の幾何学とも理解できるわけですけれども。

その方は「神聖幾何学と幾何学の違いというのは、何ですか?」と質問されたんですね。これはわたしにとっても大変興味深い質問で、その答えを知りたくて耳をダンボのようにして傾けていたんです。

トッチさんはひとことで、「それは、一なるものでできているかどうか」と。

同じ尺のものによって構成されている形か否《いな》かというところが、その違いです

と、端的に答えられていたんですね。

綿棒を紡いで神聖幾何学の形出しを積みかさねていると、このような会話をきっかけに、内なる気づき（ひらめき）が起こることが少なくありません。

神聖幾何学の形霊《かただま》は、すべて一なるものでできている。この一なるもので構成されている形が、無限に拡大（縮小）できる可能性を秘めていること。そのことと、すべての生命《いのち》、存在の大元《おおもと》はひとつであることが、見事につながっている。すべての存在の大元は、ひとつであること。すべての神聖幾何学、その形霊の中心は、ひとつであること。

神聖幾何学の形霊の中では、すべてのグリッド（交点）が、それぞれの位置で、たったひとつの中心の響きと同期しながら鳴り鳴りて響きあっています。すべての存在が響きあうことのできる源の響きは、たったひとつの中心にこそあるわけです。言いかえれば、中心なしに、すべての生命《いのち》はお互い同時に響きあうことはできない。存在することすらできない。

すべての存在（響き）は、その源である中心の分《わ》け御霊《みたま》（分け響き）であり、それぞれの位置、それぞれの位置にふさわしい回転数で、中心とそして全体と響きあっている。

全体は一なるものの集合体。一なるものすべてが同じであり、同時にすべてが異なっている。だけれども、どの一（位置）が欠けても全体は成り（成り、鳴り、生り）たたないわけです。

すべてでひとつの世界、鈴なりのようにひとつの法則性によって鳴り響きあっている世界は、一なる存在たちが、中心（＝自分自身の源）に感謝し敬意をはらいながら、一なる存在同士がお互いの存在を認めあい、感謝しあわないと成りたたない。なりなりている響きの世界、それこそが宇宙です。言いかえれば、すべての存在が響きあっていない世界は、やがて宇宙から消滅していくというお話ですね。

すべての一なる生命が認めあい響きあっている世界を形であらわしたもの、それが神聖幾何学、立体構造です。

大切なことをきちんと学びながら、綿棒で正しく神聖幾何学の構造を作っていると、自然にこのようなことが内からわきあがってきます。

綿棒ワークの本質は、たったひとつの真理と同期させること

礒　この宇宙において神聖幾何学を形成しつづけている、目には見えない法則性、すべての空間に存在している（すべての空間を創造している）、目には見えないけれど確かに存在している法則性、中心から弧を描き回転しながら神聖幾何学を、そしてわたしたち生命《いのち》をも生みだしつづけている法則性こそが、日月神示にいう「古《いにしえ》の古の元《もと》ツ《つ》大神《おおかみ》」――すべての生命にとって元ひとつの源泉――であることを、いよいよ思いだすときがやってきたわけです。

世界中のすべての存在やエネルギーが、この法則性によって生みだされ、言いかえれば法則性の一部分として顕現《けんげん》されたものであり、法則性の中でのみ存在しつづけることができるという、自己存在の根源たる神仕組《かみじく》みの何たるやを意識化し、そ

れにふさわしい生き方を顕現していく時代が、法則性にのっとった周期によって今、到来しているわけです。

しかるに、しかるにです。「今」というこの千載一遇《せんざいいちぐう》のタイミングで、このような大切な動きに呼応《こおう》していくべくわたしたちの目の前に、大きく立ちはだかるものが出現します。それこそが、ほかでもないわたしたちの現状の意識状態なのです。

根源たる真理への気づきは、これまで長年にわたって、ある種、注意深く管理された社会システムの中で、自らの内側からの発動によって自力でたどりつくには難しい状態にまで、わたしたちの意識は退化してしまっているということに気づく必要があります。長らくの間、あまりにも長い間、二元性の価値観の中に身を置き、その中で育《はぐく》まれた常識や道徳という価値観そのものが、宇宙の法則性にそぐわないものであることが少なくないのです。

新たなる時代にふさわしい新我《しんが》（真我）を創造していく過程では、これまで長らく二元的価値観を生きてきた自分——善悪への判断、好き嫌い、自分と異なる性質への裁《さば》き、我《われ》よければ的な生き方、共感を渇望する自我意識――と向きあうことになります。そういう自分に目を背《そむ》けず、認知し、受けいれながら進んでいくしなやかさ、柔らかさが求められます。エゴ丸出しでやっちゃっていた自分との和解、まさにアホになってうれし恥ずかししながら越えていく峠ですね。冷や汗が出ます。でもおかしく、うれしい。

ひとたびやる気が芽生えても、過去の価値観によるコントロール、呪縛《じゅばく》におちいっている顕在意識、思考が介在《かいざい》してくると、目標を再び見失ってしまうという、皮肉なプロセスを越えていけるよう、トッチさんは、綿棒を紡ぐことによって、思考を超えた意識の深層部分に、神聖幾何学、宇宙の法則性がしみわたっていく手法を発案、実行に移しました。それこそが、綿棒による神聖幾何学の形霊《かただま》創造を通じて純粋に真理へと近づいていく道のりです。

綿棒ワークの本質は、形づくりを超えて、自らの内側の意識や記憶を、たったひとつの中心（真理）と同期させ、すでにはじまっている新しい時代を生きぬいていく自分づくりにあることを忘れてはなりません。言葉では言いあらわせないのですが、綿棒を使って神聖幾何学の形霊を作っているうちに、自然と理解におよぶようになった真理のかけらが、自らの内側から続出してくるのです。ひとつ、そしてまたひとつと。そして、それらのかけらは、タイミングごとにつながっていきます。

いつの間にか、本当に大切なことと、そのあつかい方をわかっている自分が育《はぐく》まれていく。また、心も次第に柔らかくなり、これまでのこだわりが自然にとけだして、許しのゾーンが広がってくるんですね。

百聞《ひやくぶん》よりも創造の実践を！　ということで、真剣に作り続けていただくことからしかはじまらないのですが、ある程度、作り、中心に向かって進みあった仲間にしかわからない意識の領域が確かに存在することを、わたし自身が経験済みですし、それは同時に、これまで古神道の神髄《しんずい》を求める道中や、世界各地の先住民族のみなさんと儀式を通じて分かちあう体験を通じても得られなかった感覚のものです。

「身は水で出来ているぞ、火の魂入れてあるのざぞ、国土も同様ぞ。」（第七巻　日の出の巻　第二十二帖　二三五）

「今度の仕組、まだまだナルのぢゃ。なってなってなりの果てに始めて成るぞ。生むぞ。」（第二十四巻　黄金《こがね》の巻　第四十六帖　五五七）

「ナルとは◎（ナル）こと、自分が大きく成ることぞ。自分の中に自分つくり、内に生きることとぞ。ウムとは自分の中に自分つくり外におくことぞ。このことわかれば石屋の仕組わかる。」（第二十四巻　黄金の巻　第四十七帖　五五八）

平面意識から立体意識へと意識の変換がなったとき、きっと想像もできないような歓喜の世界が、わたしたちを待っていてくれることは間違いないはずです。

宇宙の法則性から離れてしまった自分を認知する

礒　さて、日月神示では、神「スサノオ」のことを「スサナル」と表現している場面が多く見られます。ここでも「ナル」ですね。

「ス」というのは、宇宙の中心、法則性のことをあらわす音霊《おとだま》です。「サ」というのは、中心・法則性とのエネルギーの差でもあり、個々の個性の差でもあります。

スサノオは、自らの人生の中で試練（進化に向けた天からの圧力）を越えることができずに、一度は法則性を生きることから離れてしまいました。「ス」と「サ」が生じた状態ですね。ここから神人《かみびと》へと戻っていくお話が神話となっていると思われます。

まずは、法則性から離れてしまった自分を認知し、向きあうことからはじめ、多くの存在と自分の差を裁《さば》くのではなく活かしながら、それをエネルギーとしながら神としてよみがえる物語です。

「ス」との「サ」をとかしながら「ス」の性質に同期したとき、スサはなり、神人「スサナル」として復活したわけですね。

わたしたち、ほぼ全員が、長らくの間、宇宙の法則性という元ツ神《もとつかみ》から離れた存在なわけですから、現時点でみんな「スサノオ」や「ルシファー」と同じ堕神《だしん》状態にあることになります。

まずは自分たちの意識の中で、宇宙の法則性から離れてしまったがゆえに、自我意識を主とし、魂という本質を従としてしまいながら、その存在すらも忘れて生きているという現状を認める必要があるわけですね。それを認めて、本来の宇宙の法則性に戻っていくということは、法則性の分《わ》け御霊《みたま》としての内なる魂の響きを傾《けい》聴《ちょう》し、その周波数を生き様《ざま》とすることに回帰《かいき》する。これからの自らの変容の歩みこそが新たな神話となりますね。

「一霊四魂《いちれいしこん》」という言霊《ことだま》、これは直霊《なおひ》という一霊と、四つの魂の性質の働きそのものが、本来、宇宙の法則性そのものであり、その動きこそが神聖幾何学であるわけです。ある霊的書物によれば、「内に魂を持った人間は、天使よりも上位な存在である」ことが綴《つづ》られています。わたしたちが魂の働き――すなわち、わたしたちの内側にある宇宙の法則性を発動させたときには、わたしたちこそが、実は神なる存在だったと。そういうことを己《おのれ》の生き方を通してライブで実感していくという時代が、いよいよ目前に迫ってきたのだと思います。

時代が変わるのは、当然の話

トッチ　今日僕は、今まで欠けていた前歯を、入れてきたんですよ。バッチリ埋まっているでしょ？　あれ、見えないですか？　欠けて見えている人います？　そういう人は、残像を見ているんですよ。それが今の社会ということ。いや、たしかに僕の前歯は埋まっていない、変わっていないけれども（笑）、時代はもう、変わっているわけです。本当に。

お伝えしたいのは、残像を見たままになってしまっているということ。

時代は、もう変わっているんですよ。これから変わるんじゃないの。この前まで「けっこう涼しいな」と思っていたのに、今はもうすっかり夏で、暑い。季節も、こんなにハッキリわかるくらい変わっていて。ここまで来なくちゃ気づかないのか？　ということですよね。

もっとはやくから、季節が変わるなんていうことは、わかっていたわけでしょう？　時代も変わるわけですよね？　僕たちも成長していって、常に変化していくわけで。時代が変わる、変わっている、というのは、ごく当たり前の話をしているわけですよ。難しい話をしているわけではなくて。当然の話です。

季節が変わる、一日の間に朝と夜がある……というのは、みんなわかっているでしょう？　それが、わからないのか？　と。何やってるの？　というくらいです。正直に言ってしまえば。

この会も、今回で折返しに入ったわけですが。

半年間、みなさんにもお伝えしてきましたよね。色々ありますよ、と。それが、この半年間で、どれだけのことがありましたか？

世界中で異常気象だ、異常気象だ、と言って騒いでいる。でもそれが、あまりに多すぎるから、その言葉に慣れてしまって。もう何も言うことがなくなっちゃって。

世界が変わったことを、もっと真剣に考えなければいけないんだけれども。真剣に、というのがそもそもおかしいんだよね。

これから夕方がきて夜になります、ということを、真剣に考えている人なんていないわけで（笑）。みんな、当然のように準備しますよね？ ご飯だって、今日何食べようかな？ 何作ろうかな？ と、食べる以前に想像して、それをクリエイトして、料理として食べる。つまりみなさんも、普段からちゃんと、前の段階の動きをとって生活しているわけですよ。それが、なぜ規模が大きくなったら、わからなくなっちゃうんですか？ という話。

みなさんが本当に、そりゃそうだ、と腑に落として行動に移して、その後で自分を振りかえったとき、めっちゃ笑えちゃいますからね。その笑える度合いたるや、半端《はんぱ》じゃないレベルです。もどかしくなる。恥ずかしくなる。

照れと恥ずかしいは、また違うと思うんですよ。何というか、また光が違うというのかかな。みんなが笑っちゃうような照れと、自分に対して「ああ～っ」と思ってしまう状態のエネルギーは、また違うものだと思いますし。どうせだったら、みんなパッと光るようなエネルギーだといいなと思いますけど。

パッと光るようなエネルギーをつくるのが自分だった、と受けいれられればいいですよね。

でも、光るのは自分じゃない、自分には問題や理由があるはずだ、とやっているときは、悔しさのような恥ずかしさになってしまうから、エネルギーの意味合いが、全然違ってしまうと思うんですよね。

今この瞬間こそが、過去

トッチ　日月神示や世界中の書物も、同じことを言っているのに、地球人レベルで気づいていないという、このギャグ。本当のお笑いですよ。夕方になって、夜がきて～って、誰でもわかるのに。本当に時代が変わるということになると、あれっ？　て。

みんな「わかってる」と言うの。言うけど、わかったフリ？　で、わかっていない。これは、もったいないというか、もったいないではきかなくなるんですよね。これから。

この夏の暑さ、本当に尋常じゃないですよね？

でもやっぱり、異常気象だと言ったって、人間もこういう暑さにも慣れてしまって、何も考えないままが続くかもしれないし。

また、雨の影響でいろんなことが起きましたけど、今度は降らないことで、いろんなことが起きるかもしれない可能性だってあるんですよ？

仕事だったり遊びだったり、日々の生活ができているというのは、足元の地球が、土地があって、はじめて成立しているということだから。まずはじめにそちらを考えないと。仕事も遊びも、それこそ、成りたたない。成る＝7にならない。

立体構造というのは、日月神示にも書いてある「秩序と法則」というものなんですよね。元《もと》の元、つまり、中から変えていかないと……という世界になっているわけです。

ということは、ある意味、自分の過去から変えていかないといけないという部分もあるんだけれども。その「過去」というのが「今」なんですね。

「過去」というと、みなさんは、昨日やおととい、もしくは半年前や3か月前というものを考えているかもしれないけど。今この瞬間も変化するとすれば、今この瞬間こそが、最大に変えなければいけない「過去」であって。一番エネルギーを注がなければいけない「過去」。

そもそも「今が過去」だということを受けいれることだよね。「今が今」だと思っちゃっているのを、変えないと。そのことがわかって動けるようになれば、結構おもしろいんですよ。逆に。

新しい時代を生きるよろこびと違和感

トッチ　僕や、僕のまわりにいる方々、その近くにいてくれている方々は、絶対に笑いの回数が増えていると思いますよ。なんだか妙な笑いが、増えていると思います。それは、生きることが、エネルギッシュになってくるからなんですよね。

時代が変わるということは、今までではない世界なわけで。それを見られるよろこびと、今までと違うという、ちょっとモヤモヤした感じ――これまでに体験がないわけですから、違和感はありますけど。それを楽しむ。ここに恐怖をのせなければいいんですね。

恐怖をのせてしまっているのは、過去の自分なんです。つまり、今の自分が恐怖をのせてしまっているわけです。でもそれを、どれだけ取っぱらえるかというのは、もう動いてみるしかない。

では、動くにはどうすればいいか？　といったら、手でふにゅっと押す。やわらかいものだったら、押せば圧力で動くわけです。圧力をかければいい。

よく僕は、おしりに圧力をかけて、プップカプップカ何か出してますけど（笑）、あれはジェットエンジンなんですよ。本当は。自分に勢いを増しているわけであって。でも、みなさんやりたがらない。自分にジェット噴射みたいなことをしないから、次元が上がっていかない。

みなさん真面目に聞いてますけど、これはたぶん、ウソですよ（笑）。信じないでくださいって、いつも言ってますよね。全部ギャグですから。

時代はもう、全部変わっているんですよ。たとえばの話、もう夕方になっている。

今、昼間は本当に暑い。夜も暑い。でも、「暑い」が違うでしょ？ 昼の暑さ、夜の暑さ、そして朝方の暑さ、夕方の暑さ、全部同じ「暑い」でも、違うでしょ？ すべてが常に、何重構造になっているということを理解してください。

朝、昼、夜とあって、それがさらには何パターンかに分かれていて、もう無数に重なっているの。それを、今は平面的にお話ししたんですけど、言葉を超えて見ると、立体状態になるわけですね。

立体の世界は完全大調和

トッチ　では立体というのは何？ というと。言葉であらわすならば、ハーモニーとか、オーケストラみたいな世界とか。

ああいうのは完全大調和じゃないですか。輪唱《りんしょう》とかも、そうですよね。すべて、こういう立体の世界のお話ですよ。言ってしまえば。

それは、宇宙だろうと音だろうと、光の波長だろうと、7つ集まれば鳴るんです。「成る」んです。わかりますか？

フラワーオブライフの中の構造、作ってみてもらえるとわかると思うんですけれども。

フラワーオブライフというのは、葉っぱ、リーフのようなものがあって。実際にはΦ（ファイ）ですよね。エネルギーの螺旋《らせん》なんですが、螺旋が細い方から出て広がっていったのが、今度は収束していって細くなるから、Φのような状態になるわけです（36ページ参照）。

でもそれを、前から見たら、ただの◯。横から見ているから、波のような状態になる。前から見たらただの◯で、中心に点のようなものができます（37ページ参照）。そうなると、中と外ということになるんです。

そして、このΦに線が入っていたら、◯の方も、線が入る（38ページ参照）。

また、線と波があるとしたら、これも前から見たら、渦巻《うずまき》になる。（38ページ参照）。もう、立体構造と同じということが、わかりますよね？


これをもっとわかりやすく、ということで言葉にして説明すると、立体の構造というのは、何かというと。いろんなパターンのグラフの集合体。

折れ線グラフから、円グラフから、いろんなパターンのグラフというのがありますよね？　そういう、いろんなパターンのグラフを全部集めたものが、立体の構造だということ。それが、角度と大きく関係しているわけです。

その角度が、結局立体の形を分けるんです。数字の違いが分ける。

その数字を、もっともっと遊びながら理解できていったら、いろんなことがわかってくると思います。

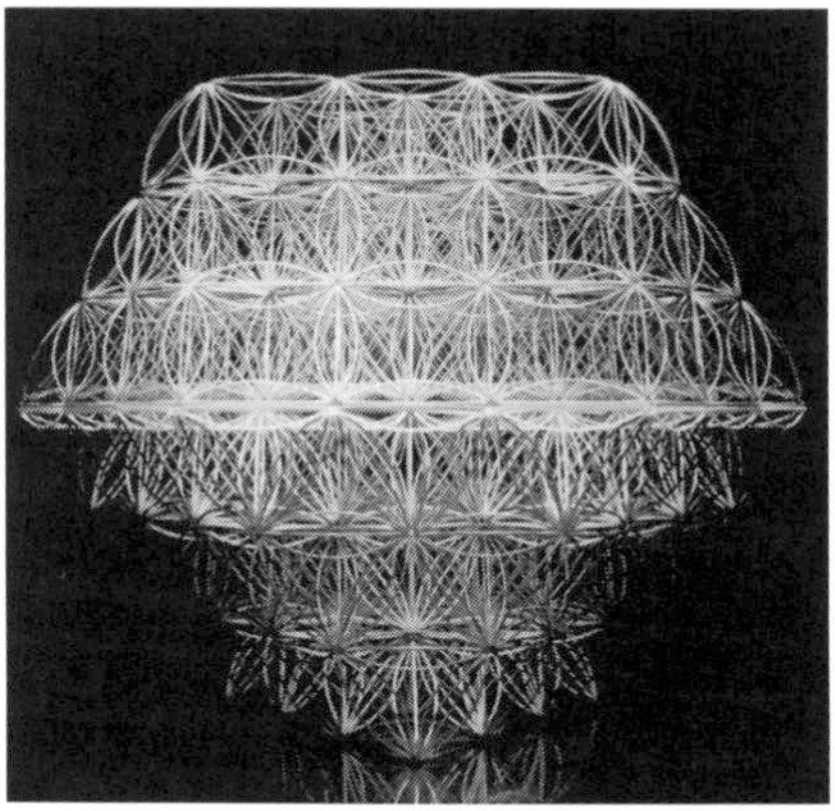

葉っぱ、リーフ状のもの = Φ（ファイ）

エネルギーの螺旋：細い方から出て広がり、
それが収束していくのでまた細くなる

横から見ると…リーフ状

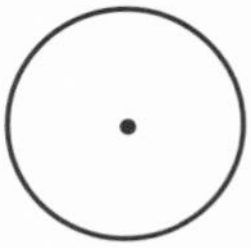

前から見ると…◯
中心に点のようなものができる

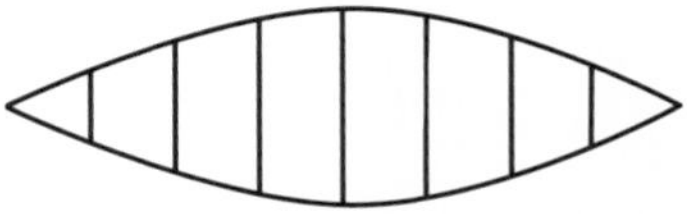

線が入っていれば

前から見ると

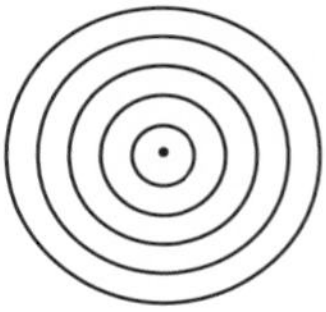

線と波があれば

前から見ると

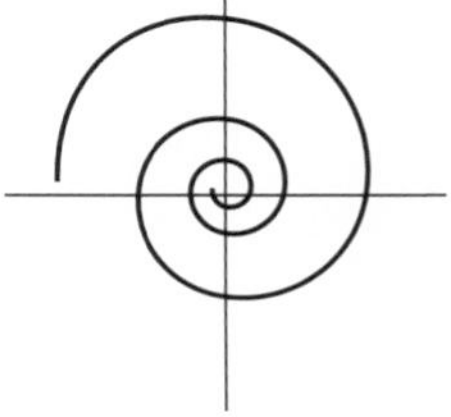

ただし、そこにエゴをのせないということ。というのは、もう新しい時代がはじまっているんですよ。新しい時代ということは、そこにいるのは、エゴをのせる自分ではない。そこにエゴをのせてしまうと、通用しない。はじかれてしまうんですよ。

この立体の世界というのは、完全大調和。いろんな形が存在していて、複雑に見えるけれども、ちゃんと法則と秩序があるから、ひとつになっているんですよね。今日持ってきた立体（66ページ画像）なんて、複雑で、作るのにグレそうになるんですけど（笑）、ギリギリ、グレなくてすみました。セーフ。逆から読んだら伏せ。伏せ！　ってやつですよ。

まあ深くとらえても、浅くとらえても、どちらでもいいですが、ただ、こんなふうに適当に言っているときが、もしかしたら一番何か入っている可能性もあって。でも信じないでください（笑）。

平面から立体に起きあがる＝よみがえり

トッチ　もしみなさんが、こういう立体の世界を、おもしろいな〜と思って挑戦していくことができたら、いいですよね。

これは取り組んでいたら、時間ものすごくはやく過ぎるんですね。イライラしているような時間は「もったいない」という感覚になってくるんです。だから、悲しいな〜とか、ツライ〜とかやっている時間を、創造のエネルギーに変換してみたらどうですか？　っていうね。

その、創造するものが、またまた宇宙の構造をつくる、ということだったら、なおさらおもしろいわけです。

先ほど儀さんがおっしゃってくれましたが、元《もと》の元の元の法則こそが、神といわれるものだとしたら。それをもし、自分がつくっていけるとしたら。すべての答えが、こういった立体に入っているんじゃないか、ということに気づけるんです。「ちょっと大変だけれども、徹底して取り組んでみるか〜」と思える自分がいたら、逆に、みなさんの過去を活かせるんです、ということ。

今までのみなさんを否定するのではなくて、今までのみなさんの中に、＋αで、この宇宙の法則が加わったとしたら、めちゃくちゃおもしろくないですか？　ということです。

僕は、めちゃくちゃおもしろいと思いますよ。劇的にパワーアップするでしょう。だって、今までの自分が、平面から立体になるんですよ。つまり、起きあがる、ということになるんです。これは本当の「よみがえり」になるんじゃないですかね？　さっき礒さんがスサノオのお話もしてくれましたが。黄泉《よみ》の国から帰る、ということ。

同じ「1」でも分散すると変化が起きる

トッチ　今までの時代が、ある意味、地獄だったんです。本当に。それで、そこから這《は》いあがっていく、というお話が、伝説として世界中に散らばっていたわけですよ。

みんな同じ話だから、同じような伝説になるわけです。そういうお話は、世界中に同時に、転写されたはずです。

もともとひとつだったんだけれども、同時に12方向に散って、その散った先の環境が違ったんです（43ページ参照）。というか、この環境は同じではない。そろわないんです。

同じ話が 12 方向に散る

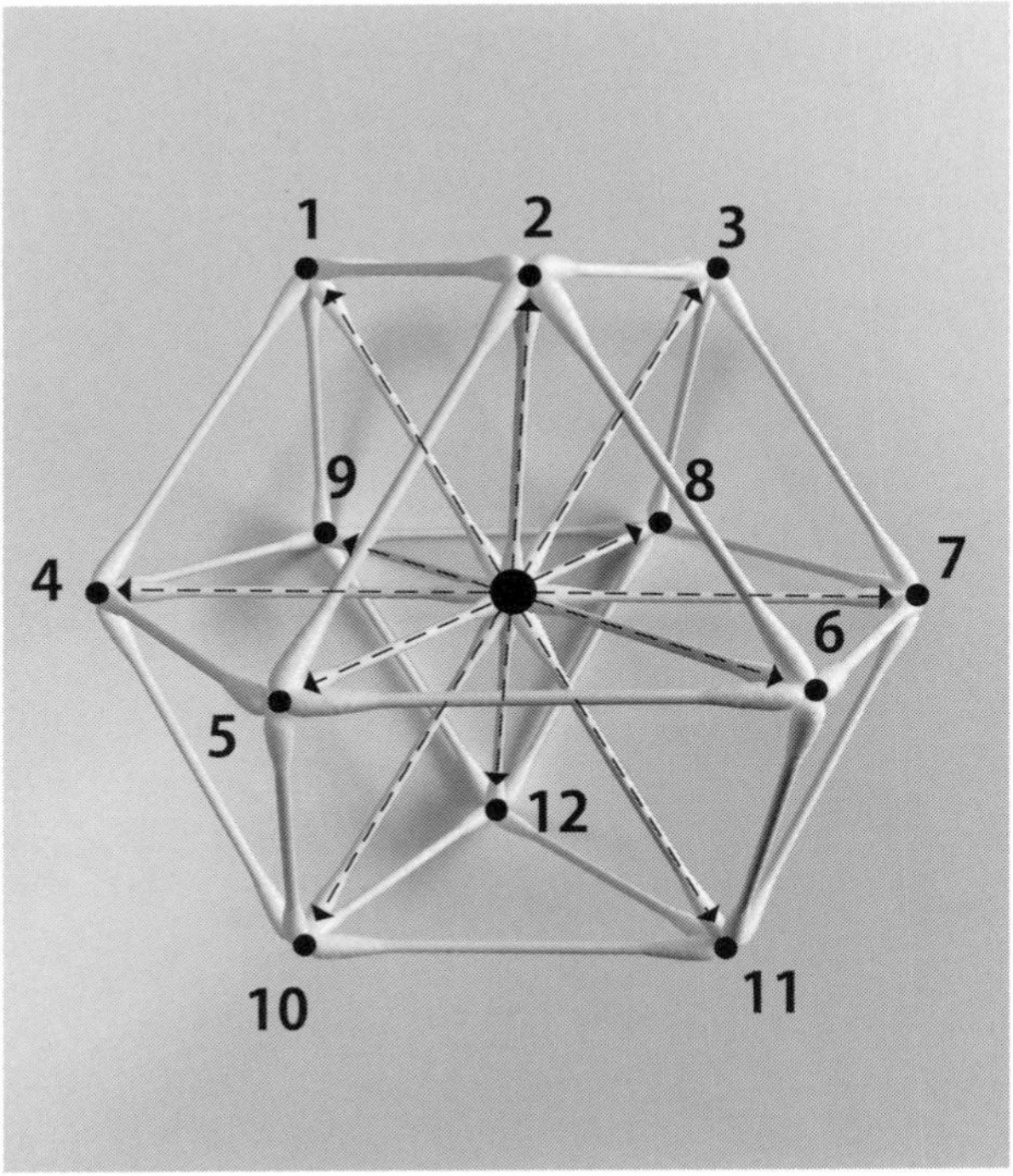

もともとひとつだったものが
12 方向に（世界中に）散り、
その先の環境が異なっていた

平面で裏側まで描くとわけがわからなくなるので、シンプルに描きますが。

こうしたときに、どれも「1」なんです（45ページ参照）。

けれども「1＝位置」なんです。だから、実はすべて違う「1」なんです。どれも違う「1」（45ページ参照）。

だから、もともとエネルギーが同じでも、分散したときには、必ず変化が起きるということ。すごく簡単なことです。

この空間だって、天井近くと足元では温度が違うんですよ。それが「位置が違う」ということ。「1」が違うの。

ここに、先ほどお話ししたグラフというか、違った角度の見え方で、いろんなものが入ってくる。だから、それぞれ変化して当然な話であって。でもそれが、エネルギーを生みだすお話なんですね。

今は、中心から外に広がっている「1」をお話ししましたけど、これは同時に、外から中に広がっているお話でもあるんです。逆にいえば、真ん中に1点集まれ

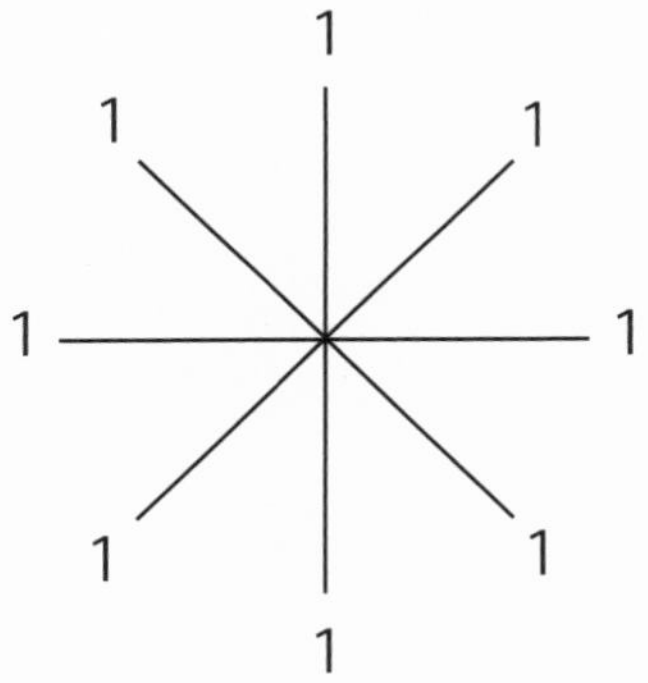

どれも「1」だが
「1＝位置」なので
すべて、どれも、違う「1」

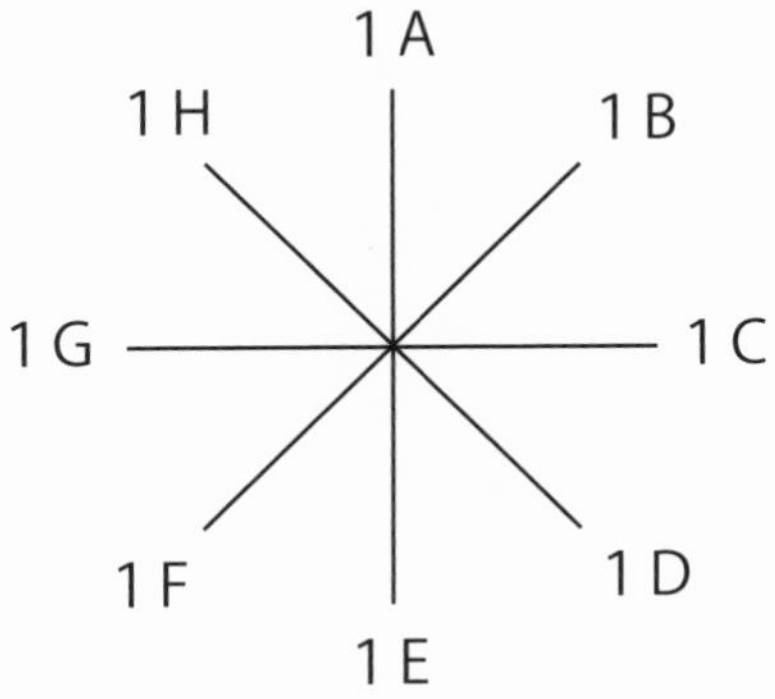

ば、同じだった、ということ。ひとつだった、ということです。

今まではエゴというものがあって、これはある意味エネルギーを生みだすものだった。だから、それを否定する必要はないと思うんです。今までの自分を、否定する必要というのはまったくなくて。

でも、それが時代が変わった以上、自分たちも変化しないと通用しないんだ、ということです。衣がえをしないと、変わった時季・季節に、生活していくのはなかなか厳しいよ、と。

逆に厳しいよ、ということを言っているわけです。冬のダウンジャケットを着て、この夏の暑さの中は歩けないでしょ？　と。言っていることは、たったのそれだけです。

ある意味、衣を脱ぐ、というだけですよね？　余計な衣を脱ぐ。余計なね。

ゆがんだ部分が有限をつくりだす

トッチ　みなさんがもともと「1」だった、ということに気づけるのが、こういう立体世界のもので。こうやって綿棒で作ったりすることであれば、作っているうちに、なんとなく気づいていってしまうわけです。「こうじゃなくちゃダメだ」と言って教えたりしなくても、勝手に気づく。

ベクトル平衡体は、無限に大きくなる形なんですけど（48ページ参照）、自分が本当に整っていないと、まっすぐに作れないんですよ。

まっすぐに作れないということは、「無限」という条件を持っているのに、形にならない、ということ。その時点で「有限」になるわけです。だから「有限」が生

↓

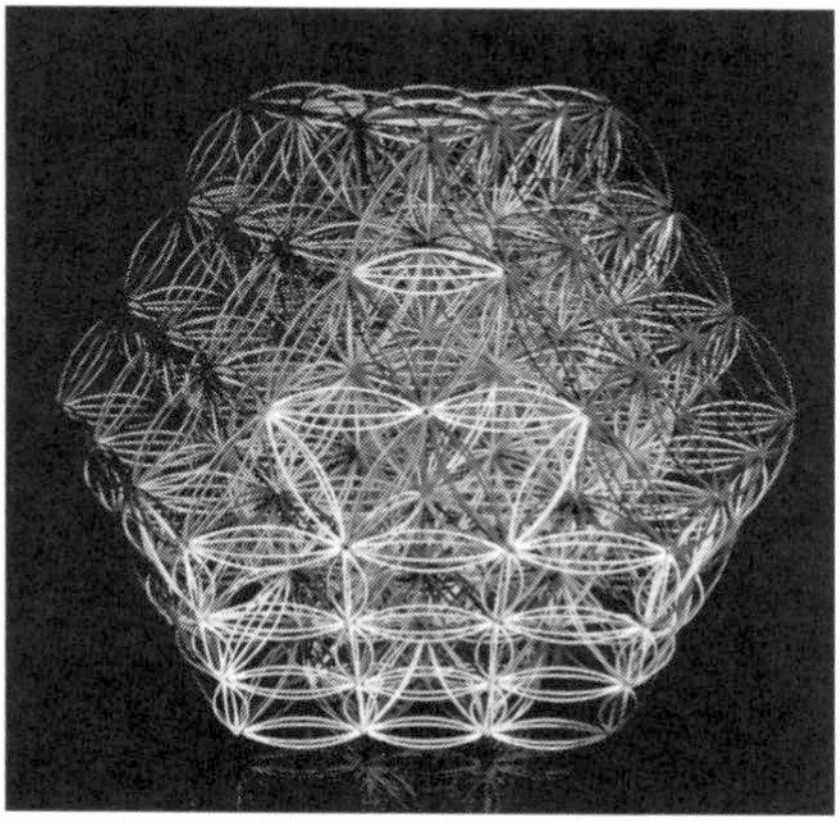

↓

∞

ベクトル平衡体は無限に大きくなる形だが
整っていないと発展していかない

まれるんです。

ゆがんだ部分が、必ず「有限」をつくりだす。でも、その「有限」が起きるから「無限」は発展しつづけるわけです。そしてその「無限」は、何もないのではなくて、本当にすべて「ある」状態の「無限」なんです。

ただそれは、物質的に「ある」状態ではない。自分の魂の中にすべて「ある」ことを知っている、という状態。自分をそういう状態にしておいてあげれば、物理的になくても満たされている、ということです。つまり、離れたものも、ひとつだとわかっていればいい、と。わかりますか？

一人ひとり、バラバラのように見えて、もともとみんなひとつ、といわれていますけど。こういうお話をしていると、なんとなくわかってくるんですよね。ということは、誰かのことをどうこうと言って攻撃していたりすると、結局、自分を傷つけているということにも気づいてくるわけです。

そんなことをやっている時間が、本当にもったいないですから。今もう、いろんな災害がやってきていますけど、とっととエネルギッシュに認めあわないと。

災害というのは厳しいものですけど、そういうことを教えてくれるプロセスなんだと思うんですよ。本当に進化のプロセスだから、向きあい方がまったく変わってくるんですよね。そして、そういったことが起きるたびに意識しているのではなくて、起きる前から向きあっていかないと。


首都圏は、まだ大きな影響を受けていませんけど、首都圏に暮らす人たちほど、一番考えておかないといけないと思いますよ。

地方の人たちには、そもそもの環境に、助けあうというネットワークが存在しているけれども。首都圏に関しては、そういうのがなかなか難しいと思うんです。

災害時には大きな道路は閉鎖されるだろうし、物資が届くかわからない。下手したら届かない、ということもあると思うんですよね。それに、道路は車が走れない状態でしょうから、移動はできない、食べ物はない。携帯電話やらのさまざまな回線はパンクしているでしょう。

こういう事態のとき、みなさんの中のエネルギーは、先ほどのグラフの話でいえば、めちゃくちゃ乱れていると思うんです。

でも多分、僕は変わらないから、何か直感のようなものがあって、どこにどう動けばいいかという感覚が、みなさんよりも働いて、全然違った動き方や対処になると思うんですよね。現に、震災後、みなさんとはまるっきり違った数年間を送ってきたと思いますし。

「元ひとつ」のスタートが日本だとしたら

トッチ この会も、ただのお話会ではないし、立体作りも、ただの工作ではないんですよ。綿棒だからこそ、挑戦できるんです。

つまり、学校のようなものに通ったりしないで、知ったり変わったりする、というには、綿棒で作る以外、機会がないんですよね。

学校に通っていない人、外に出ていくのが好きじゃない、人づきあいが好きじゃないといった人たちも、こうして綿棒で作っているうちに、立体にふれているうちに、何かが変わっちゃいますよ？　というか、そういう人たちが立体作りに取り組みはじめたら、日本は一気に変われると思いますしね。

昨日はまた、別の会があったんですけど、そこにコロンビアの女性が来てくれたんですね。あちこちでこういうお話しする会をやっていますけど、海外の方が参加してくれたのは、はじめてだったんです。

その女性は、日本で手毬《てまり》作りを習っていて、10年日本に住んでいるとおっしゃってましたけど、とても日本人の魂を持った方でしたね。

だから、見た目がどうこうではなくて、中の世界で考える。日本という枠から外れた「日本人」を理解していく、ということが必要なんじゃないかなと思うんですね。

「元ひとつ」で本当に日本からはじまったのだとしたら。みんな日本人じゃないですか。それを、海外の人が、「〇〇国が一番先にできたんだ、はじめは〇〇人だよ」と言いたい人はそれでいいし。別にそれに対して、怒ったり反論したりする必要もないし、そうなのか〜って聞いておけばいい話ですよね。

頭で考える「わかってる」は「わかってない」

トッチ まったく新しい時代になった以上は、まったく新しい自分で行かないと、本当に苦しくなるだけなんですよね。本当に苦しくなっていっちゃうと思うんですよ。

だって、こんなお話を聞いて、逆に何も動かない中で、もし何かあったら、居ても立ってもいられなくなると思いますよ。まだ、こういう会にも来ていなくて、話も聞いていない、まったく何も知らない、というなら別ですけど。

僕も、ずっとこういうお話をしてきて、言いつづけてきているんですけど、以前は今よりもだいぶ差があって、話を受けつけられない人が多くて。みんな去っていきました。結局今になって「お前は間違ってなかった」と言ってきたりとか、ありますけどね。

別に、僕が特別だというわけではなくて。当然の話をしている、ということを、みなさんに腑に落としてもらえたらいいな、おもしろいんじゃないかなあと思います。

もう、いろんなヒントが無数に出ているじゃないですか、っていう話なんですよね。この空間だけでも、全部ヒントですよ。

ここには、たくさんの本が並んでいますけど、1冊1冊すべてがヒント。特にここにある本は、必ずスピリチュアルといった世界につながっているヒントですよね。それをいつまでも、ただ読んでいるのは、もうやめて。実際に動く、ということですよね。

みなさん、頭では「わかってる」と思っているかもしれませんが、その、頭で考える「わかってる」は「わかってない」ですから。そこも受けいれて。

今まで、終末論というのは、とてもたくさん出てきていましたけど。前に進むようなものや、解決方法というのは、なかなか提示されなかったと思うんですよね。でも、その方法が、こういった立体の世界の話だとしたら——というか、ちゃんと見つかったわけですし。

僕も、ただ何年もかけてやってきたわけではなくて、きちんと理にかなったものを追いかけてきて、提示できていると思うんですね。究極を求めた結果、こういうものだとわかったものですからね。

見えないネットワークでつながっている

トッチ　この立体は、実際には、もっとシンプルに見えます（57ページ上参照）。

回転しているエネルギーもあわせて、同時に見てもらえるように、見えないものを可視化・視覚化して、物理的に表現しているので、すごく複雑に見えていますけども。

実際には球体（57ページ中参照）で、中にも入っているんですけど。これは神社の狛犬《こまいぬ》が踏んでいる球と同じもので、要は、中と外がある、ということですね。「中と外」と言いますけど、その中には、また外の役割をしていたものが入っていて、そのさらに中に、また中の構造があり、そのまた中に……というように、本当にフラクタルで（57ページ参照）。

そう考えると、地球も無限にあると思います。地球が1つしかないと思うことも、ある意味、時代遅れ。それくらいだと思いますよ。

だから、みなさんも無限にいる。それらが光を超えたもので、瞬時に交差していて。無限にいるいろんな自分が、たまに入れかわったりして。

そして、交差しているということは、混線している場所があってもおかしくない

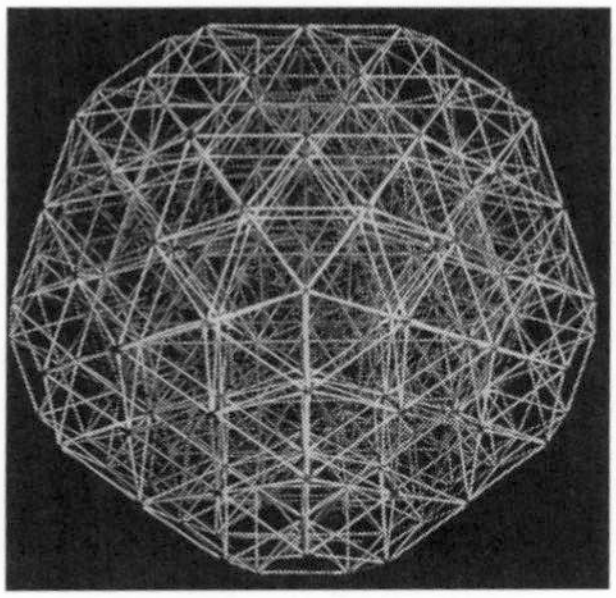

回転しているエネルギーも含め
可視化し、物理的に表現した
フラワーオブライフ

↓

実際には球体であり、
神社の狛犬が踏んでいるものと同じ

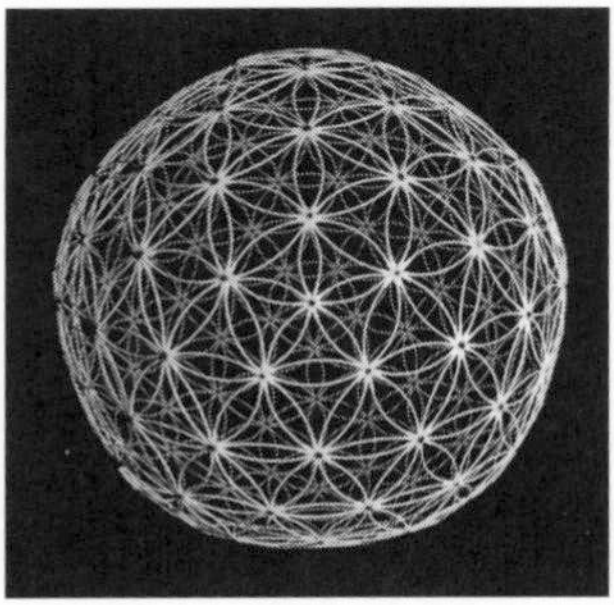

「外」の構造

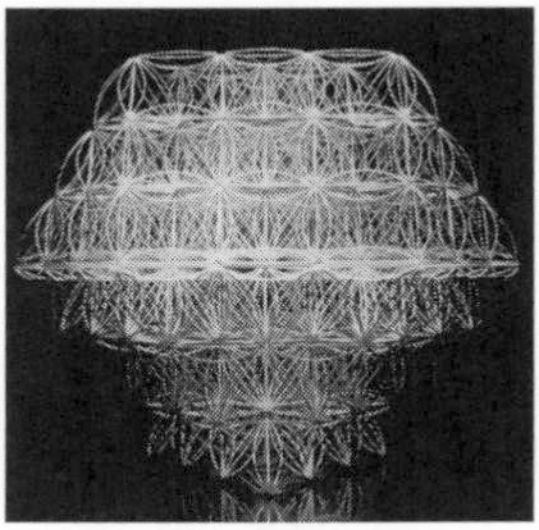

「中」の構造

「外」「中」「外」「中」……と繰りかえされ
フラクタルになっている

ですよね。例えば電車の中とか。そうすると、交差したエネルギーが人とぶつかるわけです。その瞬間、何かが思いうかんだりとか、しちゃうわけで。

僕たちは、どちらかといえば、見えないエネルギーのネットワークがメインであり、ネットワークは、この立体の世界でもある。

でもそれは、今まで考えられてきたネットワークではない。本当のネットワークでつながっている。見えないネットワーク=磁場として、つながっている。

こういったことが、日月神示や世界の古い文献に、言葉が変わった状態で、たくさん書かれているんですよね。

それを集めた結果が、こういう立体の世界、形になるということ。

これは、宗教の世界も同じです。

この立体の中には、十字架や六芒星《ろくぼうせい》やら、世界中のシンボルが入っています。

実は卍も入っているし、麻の葉模様や七宝模様も入っている(59ページ参照)。そして、月夜に見えたり、太陽に見えたりすることもある。

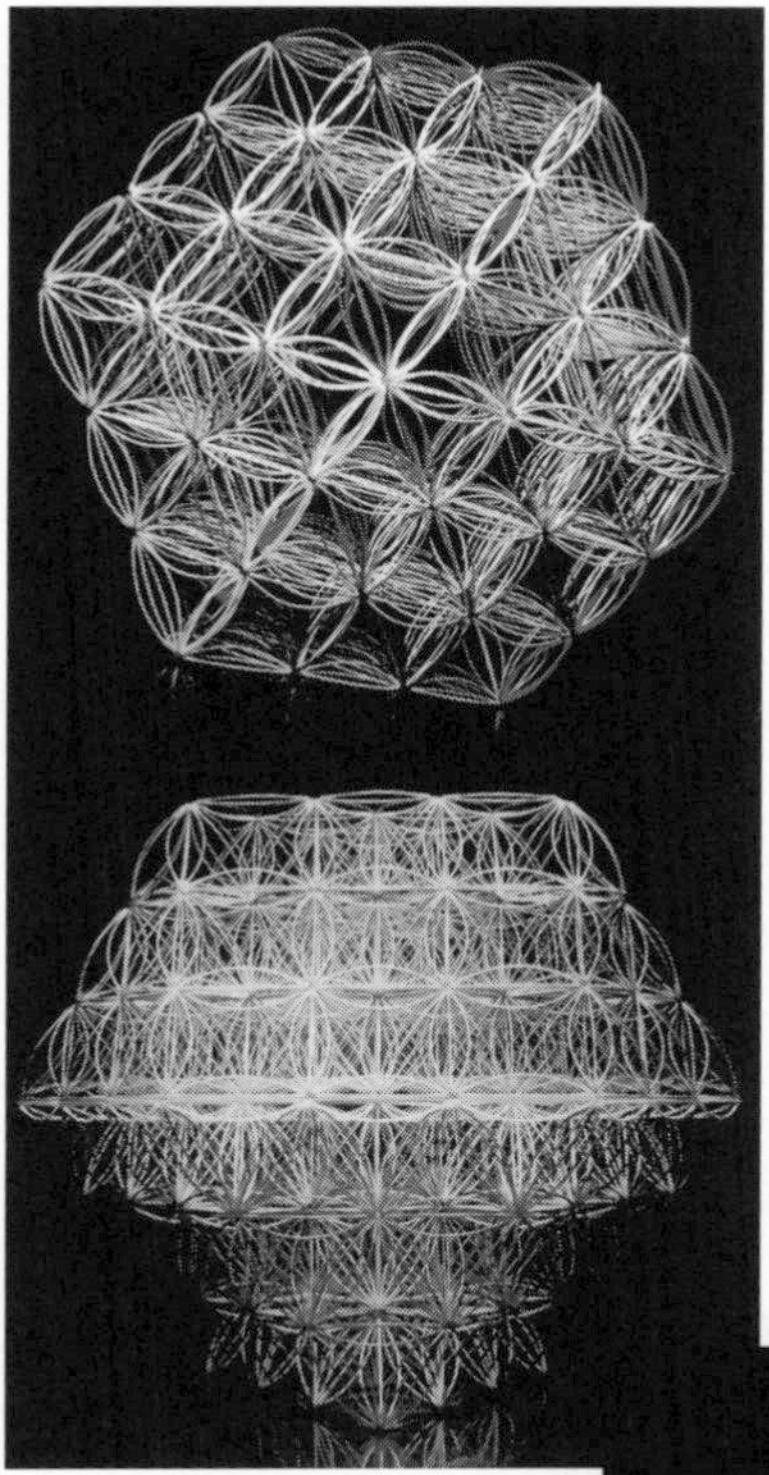

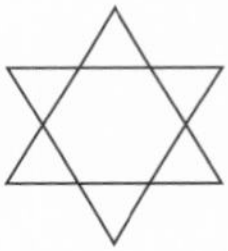

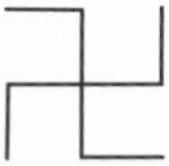

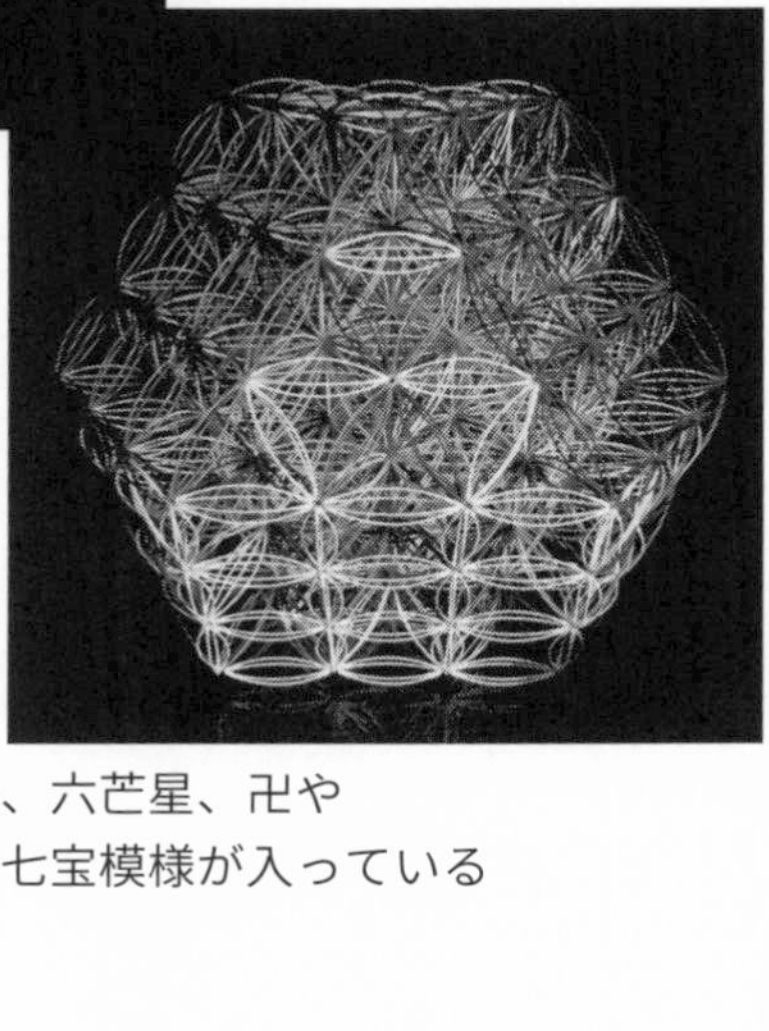

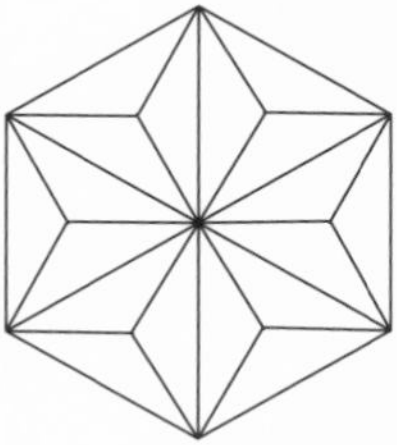

十字架、六芒星、卍や
麻の葉模様、七宝模様が入っている

そう考えてみると、スピリチュアルといわれる世界を、こういう立体を用いる以外、どうやって説明できるか？　と思うんですね。

また、こういう立体を作っていく過程の中で、さまざまな気づきがあったり、なぜこうして時代が変わっていくのか、といったこともわかってきます。

なぜ、時代が変わるのがわかるかといえば。作っていくうちに、形が変わってくるんですよ。

基本のベクトル平衡体の四角い部分にプラスしていくと、こういう形（正八面体・風のエレメント）に変わる（62ページ参照）。つまり、これが、季節が変わった、時代が変わった、ということなんですよね。

物理的であっても、物理的でなくても、同じことがいえる。例えば、音が変わることも同じですよ。

そして、この形（正八面体・風のエレメント）が伸びてくると、マカバといわれている形の、大きいものになる。次は、ベクトル平衡体とマカバが合体したようなものなんですが。合体した形になった～と思ったら、今度は、このベクトル平衡体のもっと大きなものができる。それがさらに大きくなったら、さらにベクトル平衡体の大きいものになって……という、そういうサイクルになっているんですね（62ページ参照）。

そして、このベクトル平衡体が回転しただけで、球体ができあがるんですね。一方向の回転では球体にはならない。でもそれが、いろんな角度で回ることによって、そのまわりには球ができるんです。

それは霊。僕たちの身体の「霊」といわれるものができるということ。だから僕たちは、実際には手足を使って、球をつくっているんです。

球ができるということは、同時に、中にトーラス構造ができるということです

四角の部分に
プラスする

ベクトル平衡体

伸ばす

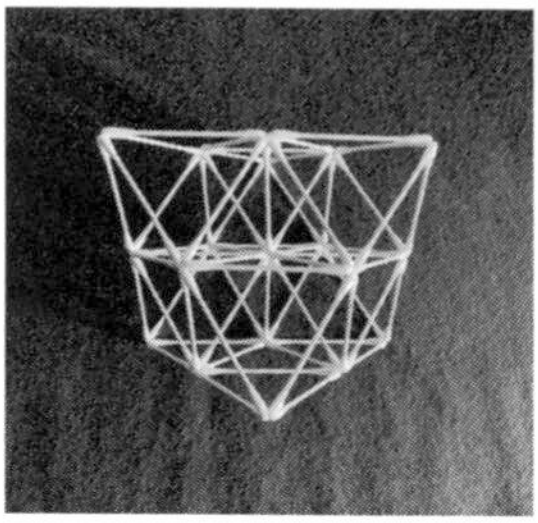

正八面体の大きいもの
（風のエレメント）

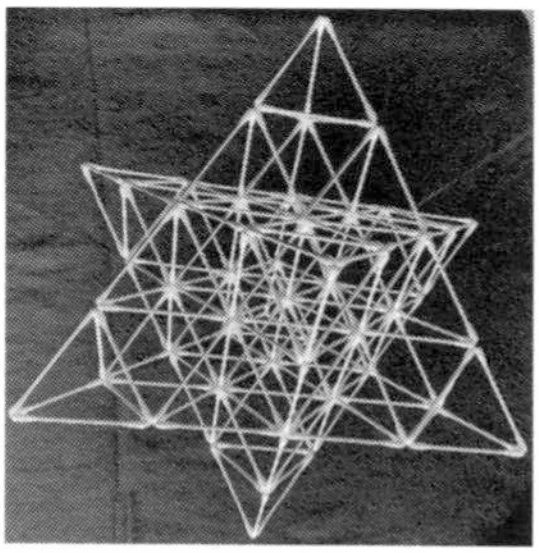

マカバの大きいもの

ベクトル平衡体・マカバの合体

ベクトル平衡体のさらに大きいもの

さらに大きいもの

形が変わっていく＝季節が変わる、時代が変わること

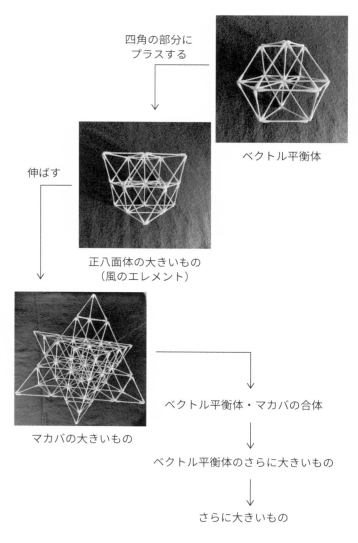

よ。人間は縦軸のトーラス構造ですけど、四つ足の動物は軸が横になって、また違うトーラスになるんですよね。それは縦と横の軸が合わさっているということで。だから、人間と動物では、まったく違った磁場を形成する役割を持っているということがわかってきます。

ゆるやかで気持ちよいトーラスを描く

トッチ　先ほど礒さんがお話ししてくださった内容ですべて完結している、というくらいの勢いで、本当は全部終わってるの（笑）。それを、細かくいろんな角度でお話ししている、というだけなんですけどね。もっとうまくお伝えできればいいなと思うと同時に、これ以上どう伝えようがあるのか、という世界のお話なんですけれども。まあ、おもしろいですよ。

この「おもしろい」というのは、「難しいからおもしろい」ということ。

例えば、生き方そのものを変えるというのは、非常に難しいと思います。でも、だからこそ、おもしろいんだと思うんです。大変だなと思っても、その「おもしろい」という自分さえつくることができれば、多分うまくいくようになっているんです。これは、誰でもです。

ただ、そのときに、今までの価値観だとうまくいかない。

自分本意で、まずは自分を満たすというのが、今までの考えですよね。でも残念ながら、日月神示には「自分は後だぞ」ということが書いてあるんです。

要は、外に放つエネルギーが内側に戻ってくるお話だ、ということに気づくということ。中から、自分の内側にあったエネルギーを、外のハッピーのために配る。そうすることで、トーラスのエネルギーとして、自分にかえってくる。

物理的に放った瞬間、見えない方は、もう入ってきてくれている、ということ。

でもみなさんは、そのサイクル、周期を待つことができなくて、人のせいにしたり、何かのせいにしたりしてしまうから、おかしなことになってしまう。

望む自分が思っているものが、大きければ大きいほど、そのサイクルは大きくなるわけです。大きくなるということは、エネルギーが大きくなるわけだから、本来ならば、ちゃんと待っていればいいということなんだと思うんです。そこに、焦りだとかイライラとかをのせない。いかに気持ちよい、ゆるやかな波、Φ（ファイ）でやっていけるか。描けるか。

先ほど図に描きましたけど、直線に対して、ギリギリで螺旋《らせん》をつくるというのが、ゆるやかにするということなんですよね（66ページ参照）。見えないΦ（ファイ）、弧を描く——失われたアークの「アーク」も「弧」を意味している。虹が出ると、環水平アークとかいわれたりしますね。その「アーク」という言葉は、いろいろなところで使われていますよね。失われたアーク、契約の箱もそうですし、ノアの方舟《はこぶね》もアークといいますね。そういうものをすべて集めたら、この立体の話になるんじゃないですか？（66ページ参照）

直線に対して
ギリギリで螺旋をつくる　＝ゆるやかにすること

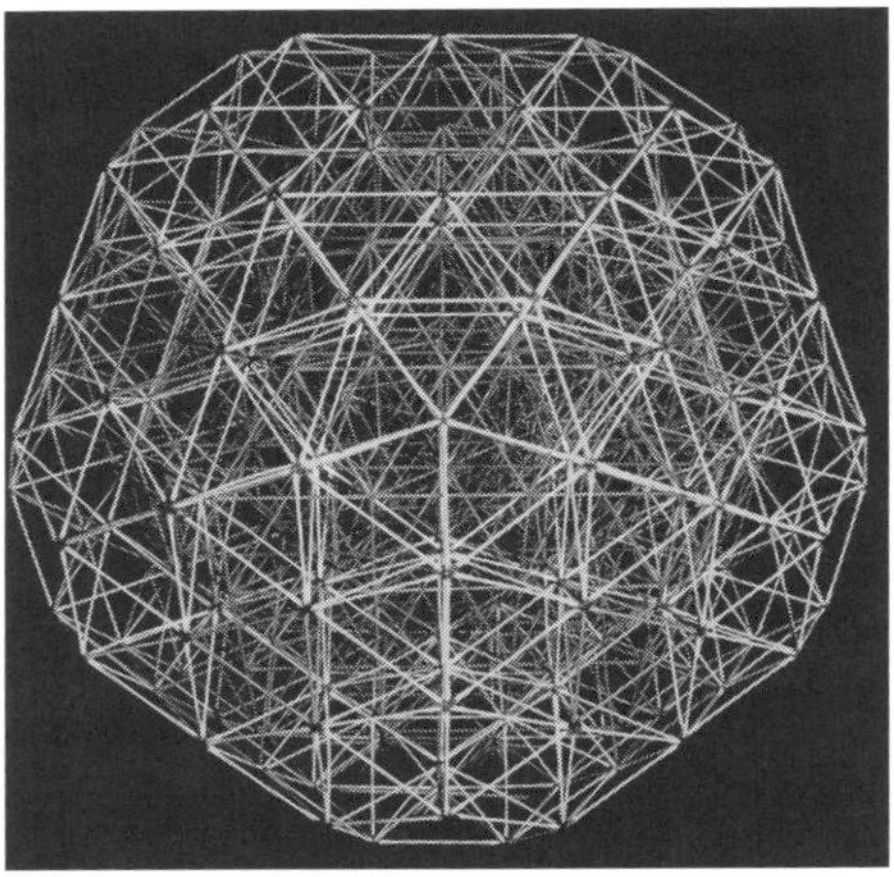

アーク＝弧を描く
虹、契約の箱、ノアの方舟……
すべてフラワーオブライフの話

神聖幾何学に祀ろうと、多次元を生きている自分を実感する

礒　根本的な意識（自らの内側）を変えないで、外の環境や状況だけを変えることで目の前の問題に対応しようとしたり、問題から逃れようとしても、本質的な解決には至らず、時間をおいて改めて同じ意味合い・テーマを内在した、より大きな問題が目の前にあらわれるという体験を、最近よくしています。

神聖幾何学に祀《まつ》ろう（神聖幾何学・中心を意識して行動する）時間が増えて、その圧力も徐々に上がってくると、法則性により近づいていくために必要な気づきや、生き方の修正点を自覚させてくれるできごとが頻繁《ひんぱん》に起こるようになります。進化に向けて、自分の内側がより発光するための圧がかかってくるわけですね。

綿棒による神聖幾何学創作活動を続けていると、その進化に向けた圧力に対して

敏感になってきます。目的を明確に意識化して、事象に対して行動を起こすことができるようになってくるといいますか。

まず向かうべく目標地点は、中心。自分のやり方（過去の価値観）や思考、こだわりに大祓《おおはら》いをかけて、できるだけ流れにゆだねて、軽やかに行動していく。中心に向けて、常に内側から変えていくことを忘れない。

まぁ、頭ではわかってはいても、実践していくのは、なかなか難しいですよねぇ。わたし自身もまだ、自分の中の異なった意識の層を行ったり来たりしている状態です。

従来の意識を生きているときには、意味なきこととわかってはいても、葛藤や疑いが多くなります。越えたいはずなのにとどまろうとする自分とのつきあいは、苦しいですね。それですらまた、中心への道の中で起こっている大切な体験なわけですが。

そんなときは、一人涙を浮かべて、コーヒーをすすりながら日月神示を声に出して読んでいたりします。去[illegible]いて下がった波は、やがて上げ潮へと転ずることを意識して。

潜在意識が、正しい発想によって自然に行動するパターンを認知すると、「考えなくとも身体が自然に動くようになる」と、トッチさんはおっしゃいます。考えちゃうこと自体が、従来（過去）の自分による抵抗であることを腑に落として、考えちゃう癖《くせ》から自分を解放すると決めること。高次の自分が導きやすい性質へと変わっていく。

綿棒ワークの不思議なところは、ある学びの一線を越えたところから、自分（これまで自分と思っていた存在？）が壊れはじめるんですね。と同時に、変な人、とても自分とは思えないようなおかしな存在が表現をはじめる。これまでなら言わなかったことを言っちゃったりするから、はじめのうちは、かなりあつかいづらい。

ところが、その変な存在が、思考を超えて、神聖幾何学の構造だったり、それが伝えてくれていることの現実世界での表現方法について、結構わかっていたりするんですね。これまでの価値観や道徳観、結婚制度や性の本質、執着していた人やものへのエネルギーそのものが、法則性にそぐわないからこそ苦しくなってしまうことなど、いろいろな情報を持っていたりする。

やがて、そちらの存在にのっかっている自分の方が楽チンだったり、笑っている時間が圧倒的に多いことに気づいていく。

何よりもその存在、真理に大変興味があって、やる気があるわけです。その存在に照らされてか、過去の自分のごまかしやウソがクローズアップされてきて……その瞬間に過去の自分が登場したりして、その途端に、再び明日からの生活や人間関係、人からどのように見られているかといったことが気になりだしたりする。住んでいる世界、観ている投影が、内側の周波数によって変わるのをリアルに体験するようになります。真実だと感じる方と一緒にいようとする回路が開通すれば、そちらにいる選択を意識化して、重ねることができるようになる。

綿棒ワーク、神聖幾何学に祀ろうていると、多次元を生きている自分と実感することが多くなりますね。

第2章

変化は進化の必然

あらゆるものが集まり、融合しているのが立体世界

トッチ　もう、鳴っている。本当にもう、時代が動いているといいますか。

いろんなサイクル、周期があると思うんですけど。元素というのも周期じゃないですか。回転数によって、あらわれている形が違う、元素が違うということですから。

もともとすべて同じだった、ということなんですけど、それがわかってくると、めちゃくちゃおもしろい話ですよね。時間の周期によって、回転数によって、同じものが違うものになって。それらをまた、合わせることで、かなり違ったものが生まれて……という。

そういう科学的なお話と、日本の神様の、神話のお話が、同じなんじゃない

の？　というところにいったりすると、バチンとつながったりしますしね。だんだん、いろんなことを、合わせていく。

これまでにもお話ししたかもしれませんが、国語、数学、理科、社会……今までは、バラバラに考えていたものですけど、全部同じ。だから、専門家というものになろうとしない。専門家になろうとするということは、何かの資格を持つということになるわけだけれども。そうすることで、盲目的になってしまう。

そういう資格を取るのであれば、盲目的にならない自分をつくった上で、資格を取るというふうにしないと、資格を取った、それだけ、という自分にしてしまう。

立体の世界というのは、あらゆるものが集まって融合しているものだから、今までのものの見方、とらえ方で見ると、逆にとまどいの気持ちを持ってしまうものでもあるんですよね。そのへんが少し大変かもしれない。

でも、僕からしたらおもしろい。僕は、おもしろい、にしているんです、っていうことなんですけど。みなさんも、おもしろい、に個々人で勝手に変えてくださいということなんですよ。そうすれば、悩みなんてないし。

これから、二極ではなく〝立体的に〟分かれていく

トッチ　こういうときでないと、考えられる時間というのはないんですよね。

今、広島や岡山で大雨の被害が出ていますけど（平成30年7月豪雨・西日本を中心に全国的に広い範囲で記録的な大雨）、被災という言葉もなんかおかしいなと感じたりするんですよ。なぜかというと、中にはエネルギーが上がっている人たちもいるから。

3・11の東北の人たちや、先日地震があった大阪（大阪府北部地震・大阪府北部を震源に最大震度6弱の地震発生）の人たち、熊本の地震（熊本地震・熊本県熊本地方を震源に最大震度7の地震発生）に遭った人たちも含め、その中には、かなり

エネルギーが上がった人たちがいるはずなんです。かなりパワフルに、いろんなことに気づいた人たちが、たくさんいるはずなんです。

首都圏の人たちよりも、はるかに深いレベルで気づいた人たちがいるということを考えると、ある意味、都会の人たちは遅れている、ということ。

街並みを見て、進んでる、と思っているかもしれないですけど、すべてのエネルギーは反転しているわけだから。そういうところも例外ではなくて。都会が進めば進むほど、都会の外側にいる人たちのエネルギーは、どんどん上がっていくよ、ということです。

都会化が進むということは、逆にいえば、何もしなくなっちゃう、ということ。だから、人工知能というものに頼ることになるわけですよね？

使っていない脳みそをフル活動させてみよう、という考えを持ったら、わざわざ外に何かをつくるのではなくて、内側にそういう自分をつくってしまえばいいだけの話であって。その方がよほどおもしろくなるだろう、ということは、わかりますよね？

そういった意味では、これから大きく二極に分かれる、ではなくて、〝立体的に〟分かれると思います。

でも、それすらも、ひとつになっていくための、一つのプロセスに過ぎない。だから、一度バラバラになるような感じですね。それが、中心に気づいて、ひとつに戻る、ということ。

物質が原子分解して、違ったものに変化して……みたいなお話だと思うんです。そういったことと同じで、それがたまたま、今度戻るというのが、中心に戻る作業だということ。一つ前の形に戻るとか、二つ前の形に戻るとかではなくて、もうはじまりに戻るというようなレベルだということを、感じて受けとってもらえたら、はやいと思います。

そうなったら、ハッキリ言って、できることがまったく変わってくるんですね。二元性の中で平面的なジャッジメントをもって「あれはいい」「これはダメ」というふうにやっている中で自分が表現できるものと、立体世界という多元・多次元性を理解した上で外に出せる、アウトプットできるものは、まったく変わってきます。アウトプットと言いましたけど、同時に、インプット、中に入れることができるということです。

二元性をもって物ごとを判断していると、自分の中も二元性になるということに、そろそろ気づいて。二元性ということは、平面的なわけですから、起きあがることはないんですよ。立体にならない。そうすると、常に時が止まったままの状態というか、一切の発展はない、という状態になるわけです。それが、「安定」という言葉なんですね。

安定を求めるということは、自分の発展を止めるということだ、ということに、そろそろ気づきましょうよ。

人生は『マトリックス』の世界に生きていることに気づくゲーム

トッチ　物理的に、球をただ置いている状態、それが安定。そこに何にも動きは起こらないから。動かないから。

だから、本当の球、真球というのはないんですよ。神様が、本当に完璧だとしたら、最初から本当の真球で、それ以上発展する必要はないわけです。

世の中にある球は、球体に見えているだけで、それは回転の光のリングを見て、球体と言っているだけなわけですよ。太陽もそうです。ここから見れば球体に見える。月だって同じ。満月であれば球体に見えるけれども、実際にはデコボコもいいところで。

しかも下手したら、太陽も月も、人がつくったかもしれませんよ？　もしかしたら。本当は、単なるプラネタリウムだったりして。

それくらいの話があってもおかしくないな、という感じでものごとを見ていた方が、おもしろいと思いますよ？　ということ。それを信じてください、というのではなくて。


地球も、語られている歴史がたくさんありますけど。もしかしたら、僕たちは、単なるコンピューターみたいにプログラミングされた生体ロボットで、何千年何万年という歴史があった、ということをプログラムされているだけで、本当は地球に暮らしはじめて100年もたっていなかったりしてね。ぜーんぶ思いこみで、プログラムされた記憶で動いているだけだった、みたいなね。

でももし、これから人工知能というものが発展していったら、そういう世界もつくれてしまうでしょ？　みなさん今、うなずきましたよね？　つまりそういう世界だ、ってことです。時代さえもつくれる、ということは、そういうことなんじゃないですか？

じゃあ、どうやって時代をつくるの？　といったら、それは数字を理解している人たちがつくる。角度とか、構造や仕組みを理解している人。

どういう数字を入れたら、どういう角度になるか。例えば、60という数字を入れたら、60度の角度に起きあがって、また別の角度から数字を入れたら、別の動きが生まれて……といった、そういうことがわかっている人たち。風がこっちから向かったときは、どう流れて、どう巻くのか、とか。そこに湿度をのせたら、その渦《うず》が塊《かたまり》のようなものをつくりだした……といったら、これは雲ですね。

そういうことを、物理的にやっているのが、コンピューターとかゲームのプログラミングなわけであって。みなさん、同じことをやってますよね？　そのコンピューターにデータを入れているのも、自分たちですよね？

だから、本当に映画の『マトリックス』みたいな世界に、いや、あれをはるかに超越したマトリックスの中に、僕たちは生きているんだということ。

実は、そのことに一人ひとりが気づく人生ゲームだったとしたら……どうでしょうか？　そのために生きているとしたら？

というのは、パソコンにしても携帯電話にしても、みなさんのパソコン、みなさんの携帯電話、勝手にアップデートされて、中がバージョンアップされていますよね？　自分たちが神様だったとしたら、同じことを人間にもするんじゃないですか？

立体世界では頂点がひとつではなく、いろんなピラミッドがある

トッチ　こういうことを試しているのも、また、未来の自分たちだと思うんです。そもそも、未来から過去に向かっているわけであって。礒さんのお話にもあったとおり、実体は見えない方の次元にいるというか、そちらの方が先なんですよね。そっちからこっちを見ているわけです。未来のみなさんが神化《しんか》しているとしたら、

そっちからこっちを見ているということは、自分を試しているのは、未来の自分。

今までの思考やものの見方では、通用しないですよね。今に執着して、ああだこうだとやっていたら、向こうのみなさんは「ウケるわ〜」って大笑いしているわけ。

でも、手は出せないんですよ。回転数が違うから、音が違って、そこに行こうとしたら、はじかれてしまう。合わせなければいけないんですよ。

合わせるのは、高い方からはできない。低い方が高い方に合わせるということ。

そういうことも日月神示に書いてあるんですけれども。

例えば、滝壺。マイナスイオンが〜と言うけれども、それが、上がっていくエネルギーですよね。滝壺に落ちたエネルギーが、揮発《きはつ》して上がっていこうとする。エネルギーがより細かくなっているわけです。ということは、より少なくなっているということ。

ですから、ある程度新しい次元に上がるときは、ふるいにかけられるということなんです。絶対数が減っていく。とんがってくる。

今までは、そのとんがり、頂点が、ただのひとつ、というピラミッド構造と見ていたかもしれないけれども。立体だということがわかってくると、いろんなピラミッドがあることがわかってくる。いろんな山があるように。

でもそれは、ただのピラミッド構造ではなくて。自分たちは無限のピラミッド構造の中にいて、実体をもった山ができた瞬間、そこにはもう、見えない谷が生まれるんですよ、ということ。

平らなところから出たとしても、山が盛り上がった瞬間に、両脇は必ずへこむから（84ページ参照）。

実体のある方から見たら、盛り上がったところが山だけれども、実体のない方から見たら、谷が山なわけです。

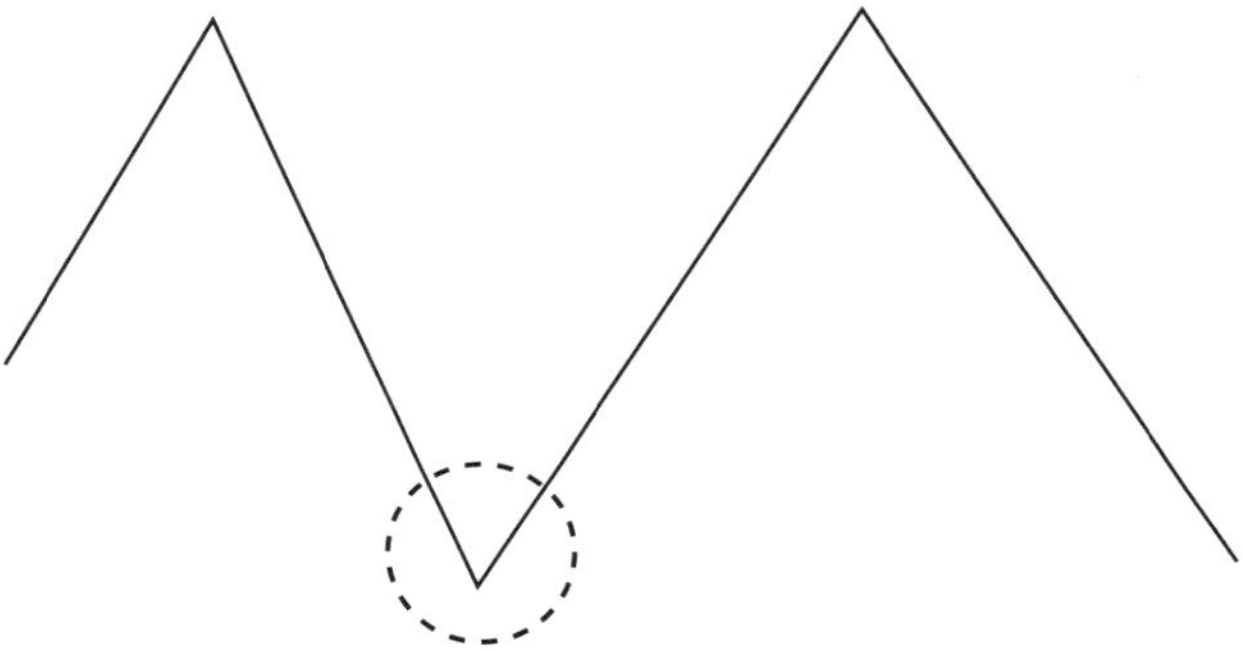

実体をもった山ができた瞬間、
そこには見えない谷が生まれる

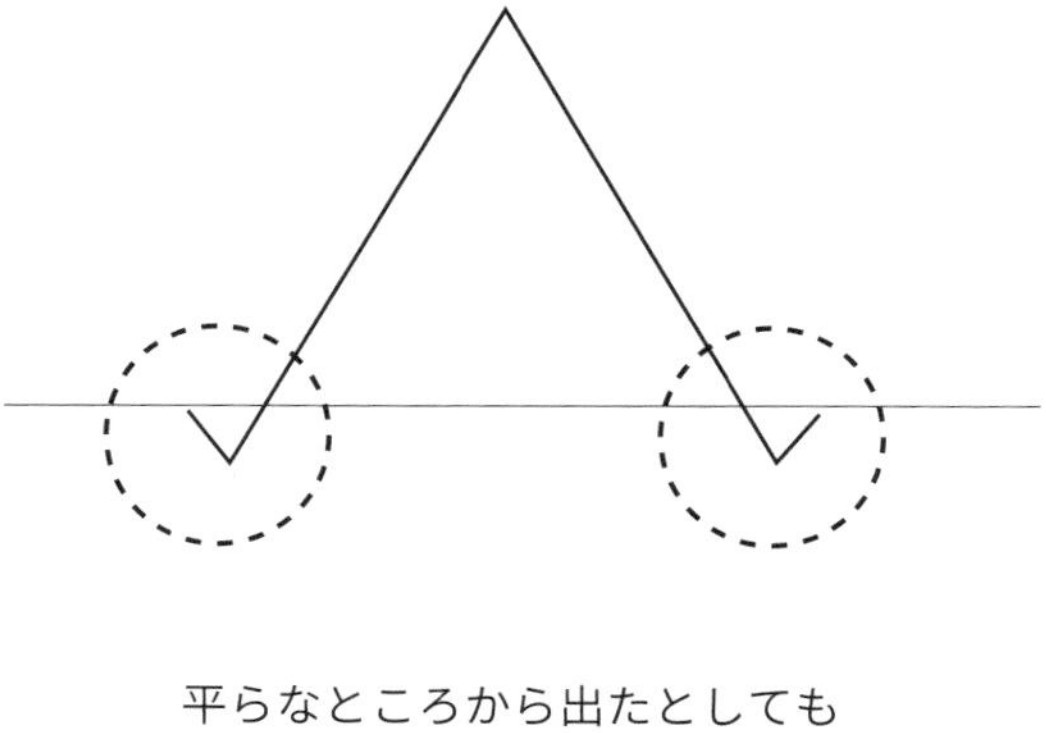

平らなところから出たとしても
山が盛り上がった瞬間、両脇に谷ができる

安定したところから下げないと動きをつくれない

トッチ　そのあたりを、もっともっと見ていくと、そこに差なんて何もないわけ。みなさんは、横一線にそろえることが平等だと思っているけれども。このベクトル平衡体の12方向に散った、それぞれが平等でしょ？　それぞれエネルギーが違うけれども、それぞれが平等じゃないですか（86ページ参照）。

ですからまず、人と違うというところを、むしろ、よろこびの方に変換するというのも、ひとつ大きなポイントになるかもしれませんよね。

違う、ということが、実はエネルギーなんだということ。エネルギーを生みだすために必要不可欠なことで、それぞれが違っていて本当にいいわけだし、それを無理やり整えようとすれば、動きは止まる。そうではなくて、動きを止めることが必

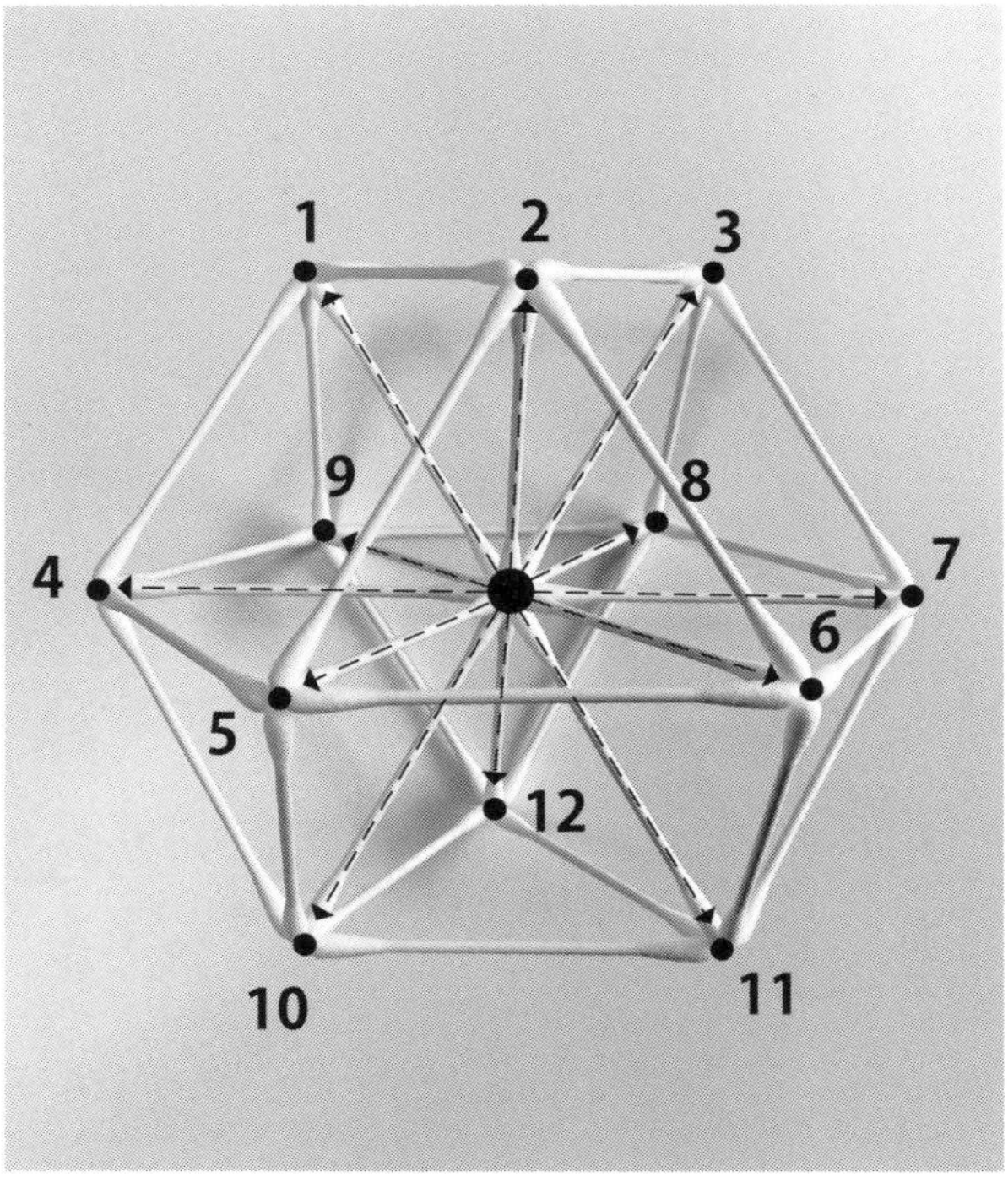

ベクトル平衡体の 12 方向に散る
それぞれエネルギーは違うが平等

要な場所に、動きを止める。

でも、そこにすら、流れをつくる。例えば、土地は平らにするけれども、家の構造で、平らなところにエネルギーを呼びこむという方法をとったり。こういうことが「ある」と「ない」をつくって、それがひとつだということ。

真っ平らにしなければならない部分と、そうでない部分を合わせて、はじめて発展するということ。それがわかってくると、逆に僕たちは、止まっていてはダメなわけ。

安定してはダメな役割なんです。人間というのは。だから、前の時代に、よく「安定を求めるために」とやれていたなと。完全に仕組まれていますよね。安定を求めさせたのは、動きを止めるためなわけです。「安定を求めるために」というのを埋めこまれてしまってね。

本来は「安定」なんてなかった、ということですよ。

安定したところから動きをつくるのには、物理的に、今の自分から一度下げる必要があるんです。下げないと、動きをつくれないんですよ。

今の自分から、ある程度下げる、というのは、今まで自分が満たされるために、エゴで使っていた環境から下げる、ということ。今までとはちょっと違う自分をつくることで、うまくいかないから下がれる。だから実は、うまくいかないことが一番ありがたいわけです。

「今までどおり行かない〜!」という、このエネルギーに感謝してみて。そうすると、そこに感謝のエネルギーがのって、惰力《だりょく》によって「安定」していたと思っていたところよりも、さらに上に行けますから。

でも、感謝がないと、下がって差ができたとしても、下がりっぱなしか、下がったところで止まってしまう。

「感謝をのせる」と言うけれど、それは実際には「ありがとう」と言って手放してあげるという作業。そこに執着というものを持つから、なんだか余計ないろんなものがのってしまう。惰力でのるならいいですけど、上がろうとするときに重さが邪魔してしまって、戻ってきてしまうようなことになるんですね。

そういう原理をうまく使っていくと、波の形が、完璧なΦ（ファイ）をつくりだすわけです。完璧な波。それが形になると、フラワーオブライフの形になる、ということですね。そうすると、波が3方向から来たときに、リングをつくるんです（90ページ参照）。つまり、円をつくる。ご縁をつくる。

この説明も、立体の一部を表現したにすぎないですけどね。

1増えただけで、無限に広がっている

トッチ　そういった、いろんな方向性からのものを見ないといけない。

そして、3だと思っていたものは、4。

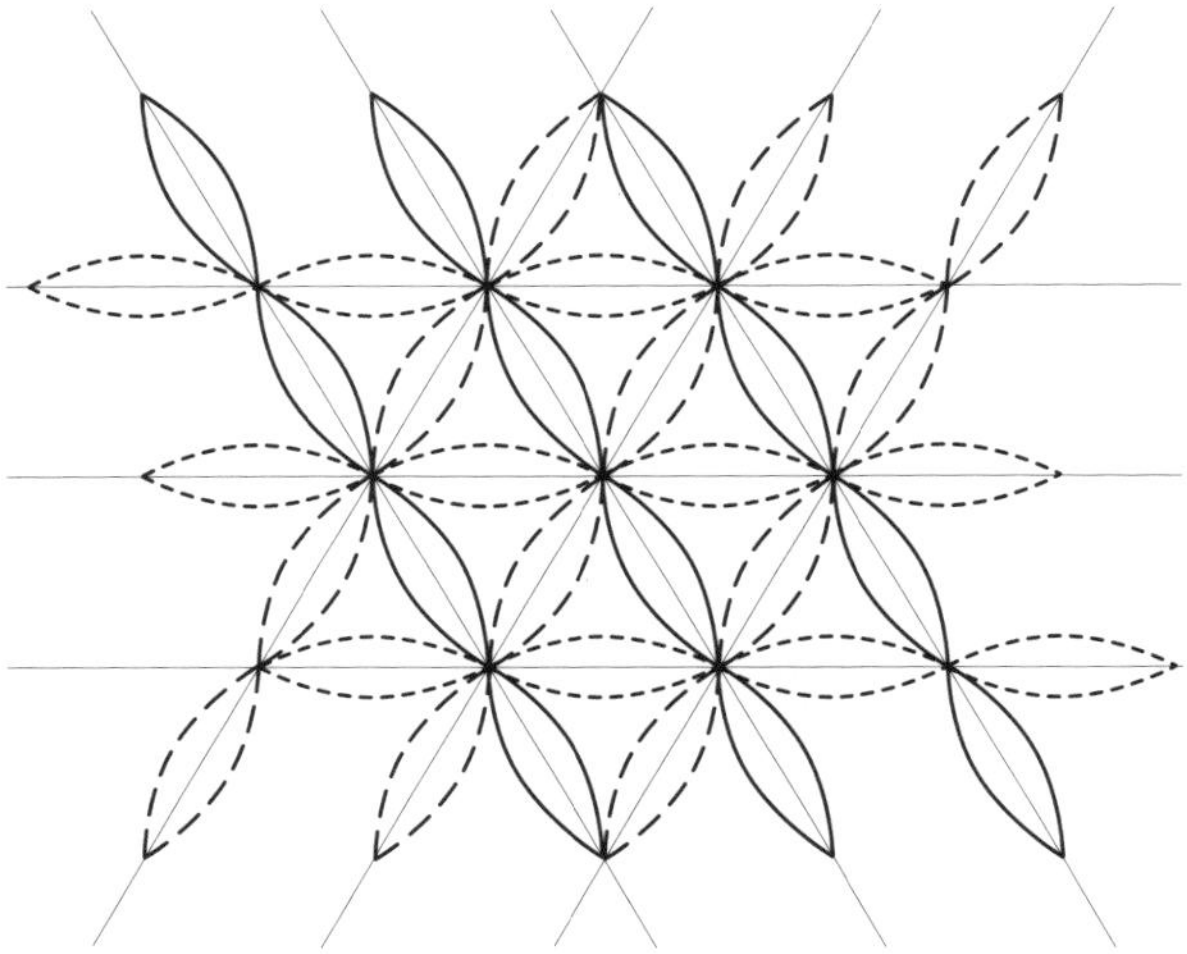

波の形が完璧なΦ（ファイ）をつくりだすと
フラワーオブライフの形になり
波が３方向から来たとき、リングをつくる

一つのサイクル・周期には4つのパターン――春夏秋冬という、4段階のものが必ずあるんですね。

なぜ4段階かというと、一番低いところから高いところに行く、そしてその高いところから、また低いところへ行く、というのを真ん中で割ると、その高いところも必ず割れるわけで。段階としては4が生まれる。高い方と低い方をつくった瞬間に、4が生まれるわけです（92ページ参照）。

その4が生まれるということは、実際には見える方と見えない方があるわけですから、4が生まれた時点で、8も生まれているわけ。

そして、8が生まれた時点で16も生まれている。つまり、1増えただけで、無限に広がっているということです。実際には。

見えない方が先、ということは、無限から来ているという世界。

だけれども、こういった綿棒で作る立体も、ゆがんだ形で作れば、その無限は発

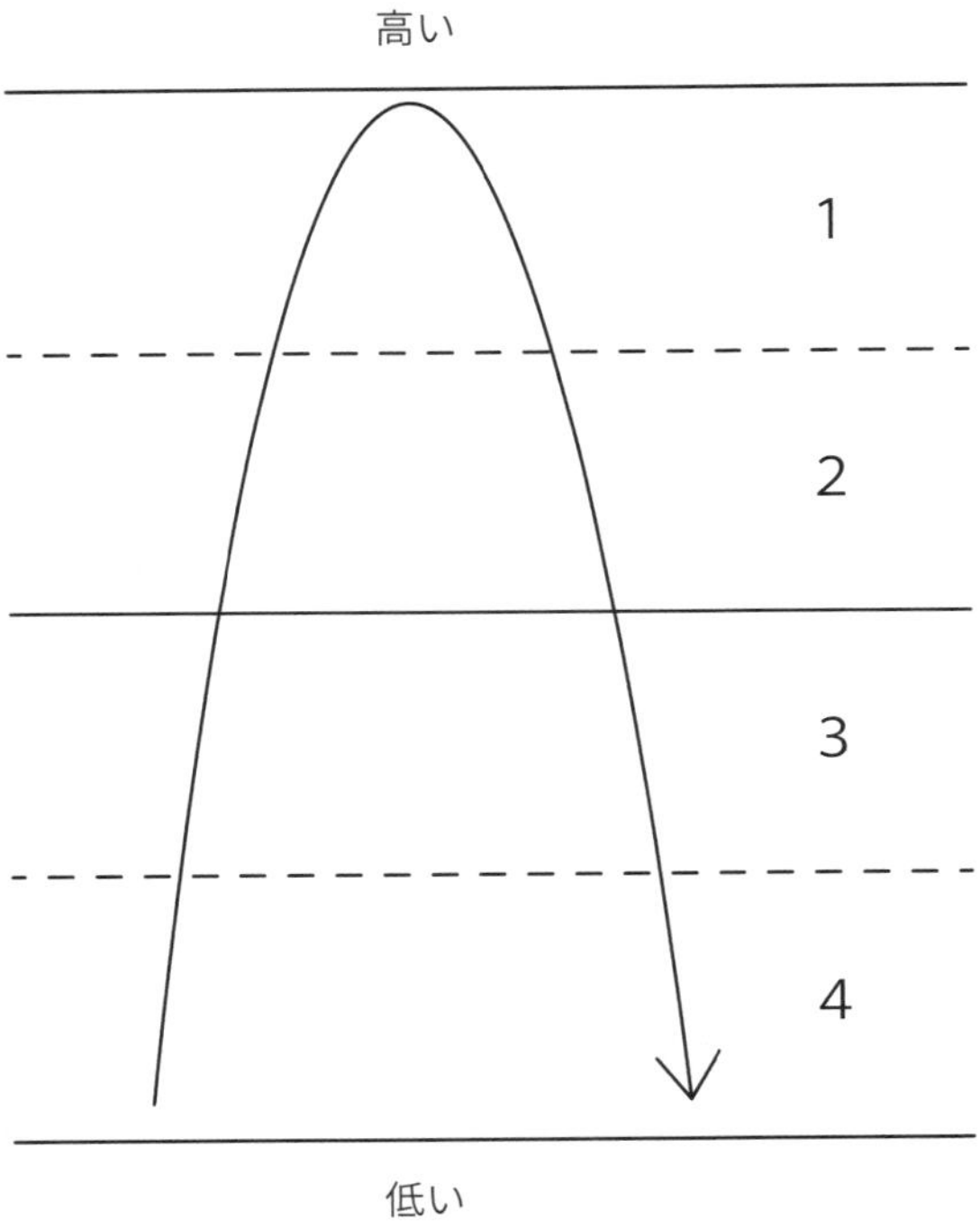

一番低いところから高いところへ行き
高いところから、また低いところへ行く
↓
これを真ん中で割ると
高いところも割れる＝４という段階が生まれる

展には至らないので、途中の形で止まってしまうということ。そのゆがみが、今までの自分の中のドロドロしたものだったり、ということなんですね。

この立体がおもしろいのは、綿棒をきれいに合わせていくと、3本合わせようが、4本合わせようが、5本、6本と合わせようが、必ず真ん中にいろんなパターンの☆ができるんです。必ず☆が生まれるようになっている（94ページ参照）。

ということは、宇宙空間も、何らかのエネルギーが完璧にそろったところは、必ず☆が生まれるようになっている。本当は、たったそれだけのこと。

逆に、今の綿棒の例でいえば、それぞれが合うところの☆の空間をつくらないで、押しつぶしてしまう。そうすると、そこに空間がない——つまり、無の領域がないから、☆が生まれるスペースがつくれないわけです。

スペース。
☆が生まれる、スペース。
☆が生まれる、スペース。
☆が生まれる、スペース。
なんですかねえ。連呼しましたけど。
ギャグなのか、はたまたとんでもない真理なのか、わかりませんけども（笑）。

綿棒をきれいに
合わせていくと
何本合わせても
真ん中に☆が生まれる

片方のエネルギーが上がれば、もう片方のエネルギーも上がる

トッチ　でもまあ、みなさんが、こういう構造的な部分に、自分の考えと、物理的または物理的でない、音とかでもいいですけど、そういうものの仕組みが同じだ、ということに気づいていけると、より自分を変えていきやすいです。

見えているこの世界だけで何かを判断しようとするから、見えないわけです。どうせだったら、人間のレベルで考えるのではなくて、もっと大きな尺度で考えた方がいいですよね。その方が、より多くが見えるのは当然の話であって。

それで多くが見えたからといって、威張《いば》るのではなくて。どうせだったら、エラくではなく、エロくなっていった方が、おもしろいと思いますし。

先ほど、礒さんが性についてもお話ししてましたよね。深くは語っていないけれ

ども、間違っていた、という部分で、性についてもふれていたと思いますが。今の社会の性に関しての認識は、本当に間違っていると思いますよ。だって、裸で生まれてきたのに、裸でいたら捕まっちゃうという、このギャグ（笑）。捕まえている警察もギャグだし、裸の人を見て、「あいつを捕まえろ〜！」と言っている、その人もギャグだし。

逆に、いいんじゃないの？　そういうネイキッドな人たちが歩いていて。その方が、よっぽどおもしろいと思いますよ。

裸の人に「お願いだから、ずっとそのままでいて！」と言ったら、逆に、勝手に服着たくなるんだから。放っておけば、寒ければ着るんだから。1年の内、脱いでいられる時季なんて、限られてますよ。

今は、極端に夏が暑くて冬が寒くて、おかしいなあと思うかもしれないですけど、これは当然の話で。片方のエネルギーが上がれば、もう片方のエネルギーも上がるわけですよ。立体の世界だから。温暖化だ、寒冷化だ、ってそれぞれ言っている人がいますけど、それは同時ですからね。

極端に寒くなっている場所があれば、極端に暑くなっている場所もあって。そのエネルギーに差があるんですよね。強い方と弱い方、暑い方と寒い方というのが。エネルギー自体は、必ず弱い方に集まります。

でも、ここで言う「弱い」は、実際には強い方に集まることです。

中と外。中が「空間」で外が「もの」、もしくは、その逆。外が「空間」で中が「もの」。ですから、それも両方ある。

これを理解するのは、難しいです。でも、こういうときに立体構造があると、わかりやすい。ベクトル平衡体なんかも、真ん中でぶつかりあっているし（98ページ参照）、もっと大きい複雑な構造のものになると、両方が混在している場所があったりだとか、入れかわっていたりするから。言葉で説明できない部分について、立体を理解してもらえれば、「ああ、そういうことか」とわかってもらえると思いますが。

本当に、言語を超えたものなんですよね。

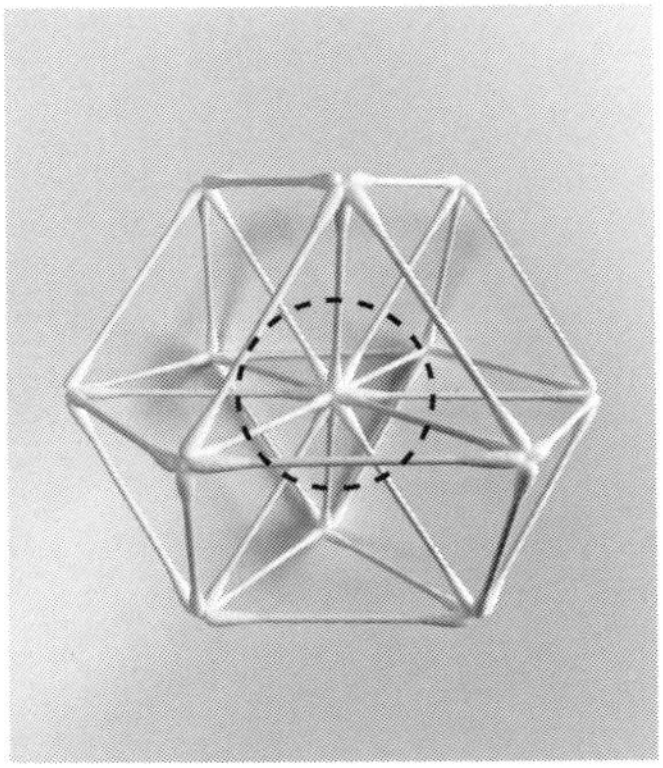

ベクトル平衡体は真ん中でぶつかりあう構造

よろこびをもって渦に入っていく

トッチ　本来であれば、別に綿棒で作ったりしなくてもいいんです。そこら中、答えだらけだから。そこに気づいてください。

そして、気づいて「やべ～！」ってなる自分を遊ぶ。

やばい自分に、鼻歌でメロディをつけて作曲して、「やばい自分の歌」っていうのを、まずつくる。「や～ばい～や～ばい～オレや～ばい～♪」つって。これが重要かもしれない。

こういう自分を、自分の中につくることができたらね。やばい状況を結構楽しくできるし、また違うエネルギーで向きあえるというかね。つまり、やばい状況を逆手にとって、エネルギーに変えてしまいましょうよ、ということ。

時代が変わるということは、決して恐れを持つことではなくて。むしろ、よろこびをもって渦《うず》に入っていくということ。

そのとき、渦に向かって何かを漕いでいって、そこで舵を切ろうものなら、遭難しますよ。

でも手放せていたら、一度渦の中には入るけれど、そこで流れが変われば、外に出ることもできます。

こういったことは、日月神示なんかにも書いてあると思いますよ。

「無駄な抵抗はやめなさい」って言いますけど、これは本当ですよ。

みなさん、犯人に詰めよっている方のつもりでしょうけど。犯人はあなたたち自身ですよ。

「わたし犯人だったの!? 何の犯人だったの!?」と思ったかもしれませんけど。それは「今まで気づかなかった」ということの犯人ですよ。

宇宙の中に地球というものがあって、そこに住んでいて、自然というものがあって、動物というものがいて、昆虫というものがいて、花や植物があって、いてくれて、それが海の中にもいて、いろいろ教えてくれているのに、今お話ししたような、宇宙の法則に気づかないという犯罪。

そこで、人間だけが勝手に、あれが欲しいとか要らないとか、あの人がなんだかんだ……とやっている。もう、茶番もいいところでしょう、ということですよ。自然界で、そういうことってありますかね？

動物たちは、食べあいみたいなことはしていますけど、その中にも、動物たち同士のリスペクトのようなものがあって、尊敬しあい、認めあっている中での行動、厳しさだと思います。それに対して、人間がする戦争みたいなものは、ちょっと違うような気がするんですよね。

日本をはじめ、海外でもそうだと思いますけど、狩りをして動物を食している人たちは、動物に対して尊厳をもって対峙《たいじ》していて。だから、食べた動物の骨を身に着けたりして、食べた動物に同化——自分たちをその動物にシンクロさせていたんだと思うんですよね。それは、リスペクトするという行為でもあったと思うんですけども。

今は、何かがズレちゃっている気がするんですよね。多少というか、ちゃんと、ズレちゃっている。そのズレは、エネルギーを生むためのものだから、まったく構わないんですけれども。

ダメなのは、その「ズレている」ものを、「ズレていない」としているところ。だから、批判しあうことになってしまうというか。

ズレを認識する観点、視野を、みんなで手にすることができたら、全然違った世の中に、すぐにでもできるような気もしますし。

お国のトップの人たちが、武器の話ではなくて、綿棒の話をする日が、いつか来るんじゃないかと、僕は思っているんですけどね。

前から言ってますけど、本当に、すべては「綿棒問題」だったと。長い間、時代が変わらなかったのはね。

この何千年という長い間、本当に誰も気づかなかったのか？　と思うくらい、シンプルな話でもあるわけです。

エネルギーを回すと、実体化・物質化ができる

トッチ　理解という面では、本当に綿棒で作りつづけていくことが、一番の近道かなと思います。パターンもたくさんあるのでね。

たくさん作っている僕ですら、こうしてみなさんに伝えられることには限界があって、まだまだ足りないところがあると思いますし。

この立体の世界が永遠に続くものだとしたら、永遠に続く道じゃないか、という話で。

でも、その果てしなさが、おもしろいんだと思うんですよね。

本当に果てしない。どれだけ取り組んだって、届かないものかもしれないけれども。届かないものだからこそ、届こうとする気持ちがわいてくる。

その届かない領域を、楽しむ。

そうしたら、それは嫉妬ではなくなるから。よろこびだと思うんですよね。なんちゃって？（笑）。

考えすぎてしまうとダメだから。

真面目になってきたら、ちょっとおふざけな自分となかよくなって。一見、真面目そうな顔をしながら、頭の中でふざけて遊んでいたっていいし。

だから、遊ぶ、ということ。この自分のボディを使って。

今までの「遊び」は、物理的なものを求めたかもしれませんけど、魂で遊んじゃう。それが、瞑想みたいな状態をつくりだせる、イメージトレーニングのようなものにもなったりしますし。そこに、幾何学の形状がのってくれれば、エネルギーを回せるようになってくるんですよね。

回せるようになるということは、物理的でないものを回しているんだけれども、それが実体となって、物質化して戻ってくるという原理を知るということ。

みなさん、この原理、仕組みを忘れちゃっているから、大変なことが起きてしまう。余計なものをのせているから、それが現実化して、あらわれてしまうということ。だから、先に仕組みを思いだせれば、無理にそこに何かをのせようとか、逆に、無理に何かを外そうとか、しないんですよね。

それが、真ん中のところで回転していられるコツといいますか。

回転といっても、上下左右、斜め、あらゆる回転があるんですけど、真ん中だけは、常に止まっていられるポイントがあるんですよ。それが、すべてを持っている、認めた状態。

足りないから、はじかれるわけですよね。

「すべてがある」という状態であれば、真ん中をキープしていられるから、ほかの人の磁場に影響されないんですよ。

完璧な神聖幾何学を、人でつくる

トッチ 今、ヒーラーさんがたくさんいます。そして、これからも増えると思います。

でも、僕たちがこれからつくらなくてはいけないのは、ヒーラーさんが要らない世の中なんですよね。それは、みなさんが、自分でセルフヒーリングできるようになればいいということです。

セルフヒーリングするとはどういうことか？　といったら、トーラス構造であるということ。本当の自分たちの状態であるということ。

また、そのトーラス構造のエネルギーをもった人たちが、ほかの人たちにトーラス構造を配っていく。そういうことができれば、自《おの》ずと地球も変わってくれると思います。

本当に、集合意識が地球に直結していると思うんですよ。完全に、ではないけれども、ある程度、結びついているところはあると思います。だから、自分の中のドロドロした部分が抜けた人たちが、多くなれば多くなるほど、地球はそれにこたえてくれると思います。

逆に、先日の豪雨のことだとか、起きるいろんなことを避けて、目をつぶればつぶるほど、いずれ自分たちの前に、同じような状態をつくりだしてしまうでしょう、ということ。

「ヤダ！」と言って、想像してしまうから、逆に創造してしまう、ということです。考えないことで、それを潜在意識の中に入れこんでしまうということ。これが一番大変なことなんです。

顕在意識で持っているのであれば、逆に平気になってくる。

潜在意識に、「ヤダ！」の方をためこんでしまうと、出すのが大変だし、自分ではうまくコントロールできない領域に入れてしまうことになるから。

エネルギーは多重構造であり、必ず反転しているものだということなんです。反転しているものも、光と影で考えれば、強い光・弱い光、強い影・弱い影とあるように、そこすらも分かれていますから。すべてが、グラデーションで成立している、ということを理解してもらえればと思いますけど。

立体も、すごい速さで回転したとすれば、僕たちにはグラデーションにしか見えないような状態になるんですよね。それは、混ざっているということ。いろんなことが。

だからまずは、社会に対しても、批判やなんかで、余計なエネルギーをのせない自分をつくる。

社会が悪いわけではなくて、社会は逆に、ここまで連れてきてくれたんですよ。ありがとう、だと思うんですね。本当に。

日本という国も、世界の国々も、こうやって考えられる時代まで、連れてきてくれたわけです。

でもここからは、国まかせではなくて、一人ひとりが、真ん中が回るエネルギーの状態に、かえっていくということ。

そのとき僕たちは、完璧な神聖幾何学を、人でつくる、ということになると思うんです。人のエネルギーで。そのときに、アセンションという状態になるんだと思うんですよね。

いよいよもって、大真理が目の前に出たからには

礒　完璧な神聖幾何学を、人でつくる。そんな世は、すさまじいほどに素敵ですね。

「太陽は十の星を従えるぞ、原子も同様であるぞ。物質が変わるのであるぞ、人民

の学問や智ではわからんことであるから早う改心第一ぞ。（中略）富士と鳴門の仕組いよいよぞ、これがわかりたならば、どんな人民も腰をぬかすぞ。（中略）富士晴れるぞ、大真理世に出るぞ、新しき太陽が生まれるのであるぞ。」（五十黙示録《いせもくじろく》第六巻　至恩《しおん》之巻　第十六帖）

「いくら金積んで神の御用さしてくれいと申しても、因縁のある臣民でないと御用出来んぞ。御用する人は、どんなに苦しくても心は勇むぞ。この神は小さい病治しや、按摩《あんま》の真似《まね》させせんぞ、大き病を治すのぞ。神が開くから、人の考えで人を引っ張ってくれるなよ。」（第一巻　上《うえ》つ巻　第七帖　七）

いよいよもって、大真理が世に出たわけですから。それも目の前に。

そのことに気づいた神の御用人は、心より感謝しつつ、一からやり直す心意気で、約束の位置にちゃんと導かれて、一なる御用を果たしたいですね。よろこびの中で、中心そして同志との響きあいを満喫《まんきつ》するのみです。

第3章

人類は
バージョンアップしていく

漢字は外に広がる、カタカナ・ひらがなは中心に集める

トッチ　もし、仮に、ですよ。

確実にだから、こういうお話をしているのではなくて。これは一種のお笑いでもあると思っていただいて、結構なんですけど。

スピリチュアルのような世界の、いろんな方たちの本を、全部集めて合体させたら、こういう立体世界のお話になるんですよね。ということは、宇宙のシステムも同じなんですよね。

そして、宇宙のシステムの構造の中に自分たちが生きているということは、自分たち自身も同じ構造なのは当然であって。それを、自分の外に形出《かたた》しすることによって、中と外が合わさるのは当然の話でしょ？　ということですよ。

たったのそれだけで、何かしらの同期がはじまる。

同期というのは、ときに心臓がバクバクしたりすること（動悸）もいいますけど。そこには、エネルギーが加わったから、そういう状態になるわけですよね。その「どうき」という言葉も、どういう漢字を当てはめるかで、エネルギーが変わるわけであって。

漢字の呪詛《じゅそ》からも抜けつつ、ダジャレで笑いながら、いろいろなものを合わせていくということをすると。

例えば漢字というものがあって、カタカナやひらがなというものは、何かを集められる場所じゃないですか。つまり、漢字が外に広がったエネルギーなのに対して、カタカナ・ひらがなというのは、中心の方である、ということ。同じ音でも、漢字になるといろんな表現が出てくる。外に広がる。

ですから、そこを抜けると、違うエネルギー、違う意味になる。意味＝いみ＝13でもあって、違うタネといいますか。

そういう言葉の仕組みも、結局、こういう立体の構造なんじゃないのかな？　ということがわかってくると、いろんなことを合わせていく、というのは非常におもしろい。

合わせるといっても、まったく同じように合わせるのではなくて。違うもの同士を、法則性をもって合わせるわけ。ただ闇雲《やみくも》に合わせるのではなくて、法則性をもって合わせることで、例えば60度という角度が生まれたり、90度という角度が生まれたり、120度という角度が生まれたり。

これを地球の僕たちの回転時間みたいなことで考えると、1分というのは60秒なわけですよね。時計で見てみれば60秒で360度かあ、と考えると、1秒というのは6度だということがわかる。つまり、1秒ずれるということは、何かと6度ズレる、ということ。

10秒たったら、何かのエネルギーを生みだす60度という角度が生まれて……というように、時間軸と幾何学と、関連があるなと考えていくと、またおもしろいことがたくさん隠れているのに気づきますよ。

角度と周波数というものもあるし。数学的なもの。数学はキライ、と言う人もいるけど、こういうものはおもしろいじゃないですか。

結局、勉強にしなければいいんですよね。学校も、最初から「遊びですから〜」ってやってくれれば、遊びに行きたくなるわけで。「学校」としちゃうから行きたくなくなるわけで。

今日の会場の入口、見ました？「大人の保育園」とちゃんと書いてありましたよ（笑）。本当にみなさん、保育園に戻った感じではじめる。

いろんな人がいていいわけだから、こっそり保育園に入園していたって、いいわけですよ（笑）。だって、その方がおもしろかったとしたら、みんなが保育園に入るんじゃないですか？　そしてそこには入園窓口というのは特になくて、勝手に入園しちゃう。

余計なものをのせてスタートする危険性

トッチ　立体の世界を知る、作るということは、別に僕たちのところに来てくれなくても、誰かに聞いて作りはじめてもいいことで。それで全然構わないと思うんです。

でも、エゴやなんか、余計なものが抜けていない状態で、勝手に僕のマネをする人があらわれるとしますよね。こういった構造や法則のお話もなしに進めるような人。結局そういう人たちは、仕組みや構造を知らないから、準備ができていない、中が整っていない段階で作りはじめることになってしまうんですね。そうすると、大変なことになります。

立体を作るということは、トーラス構造を形出《かたど》しするということだから、その人に、ものすごい負荷がかかるわけです。トーラスをつくる、渦《うず》をつくるということは、変化をつくり出すことになりますから。その人にのしかかって、体験を通じて知ることになってしまう。これは大変。本当に大変なことになると思います。

こうして12回シリーズでお話を放っていますけど、順を追って進めていないのも、そういう理由からです。

同じような話をしているように聞こえるところも、あるかもしれないけれども。ある程度、いろんな角度や方向性をもってお話をしているんですね。それに、まったく同じ話をしていたとしても、毎回違うことになっているんだ、ということをわかってもらえると、より深いレベルで理解してもらえるようになると思います。

ベクトル平衡体と同じで、12回で、12の角度から話をしているようなものなんです（118ページ参照）。そうすると、実は13個目があった、もしくは、はじめから、ただひとつから分かれたんじゃないか、ということがわかったり、原因の解決ができたりするんじゃないかと思います。

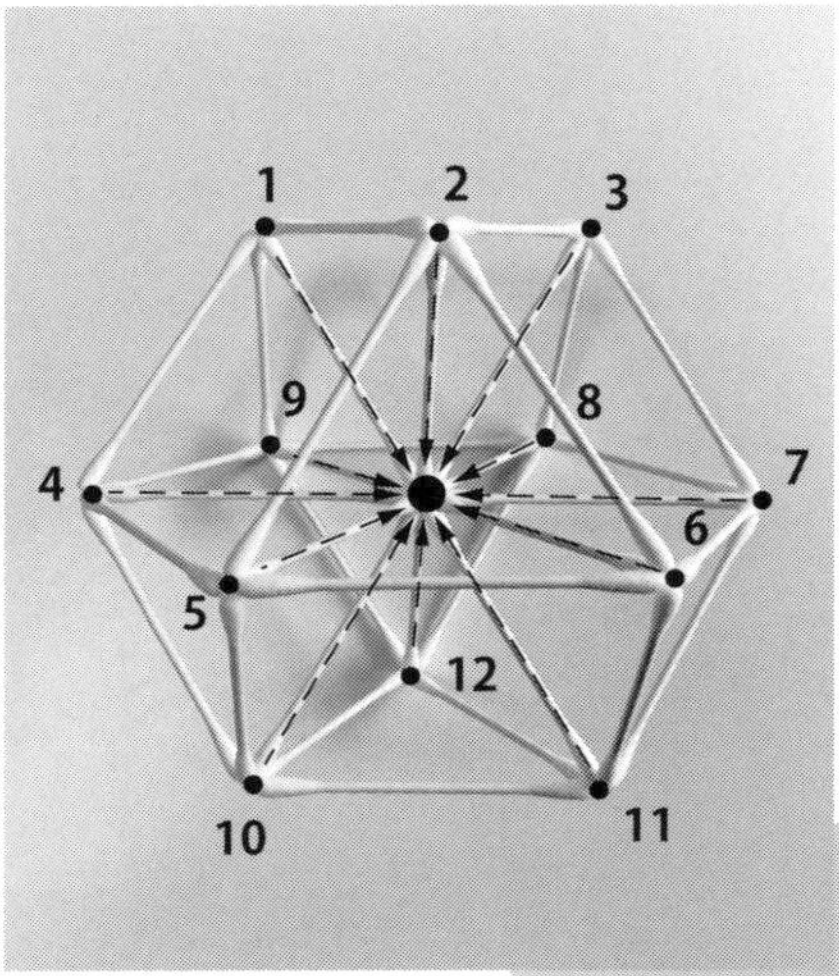

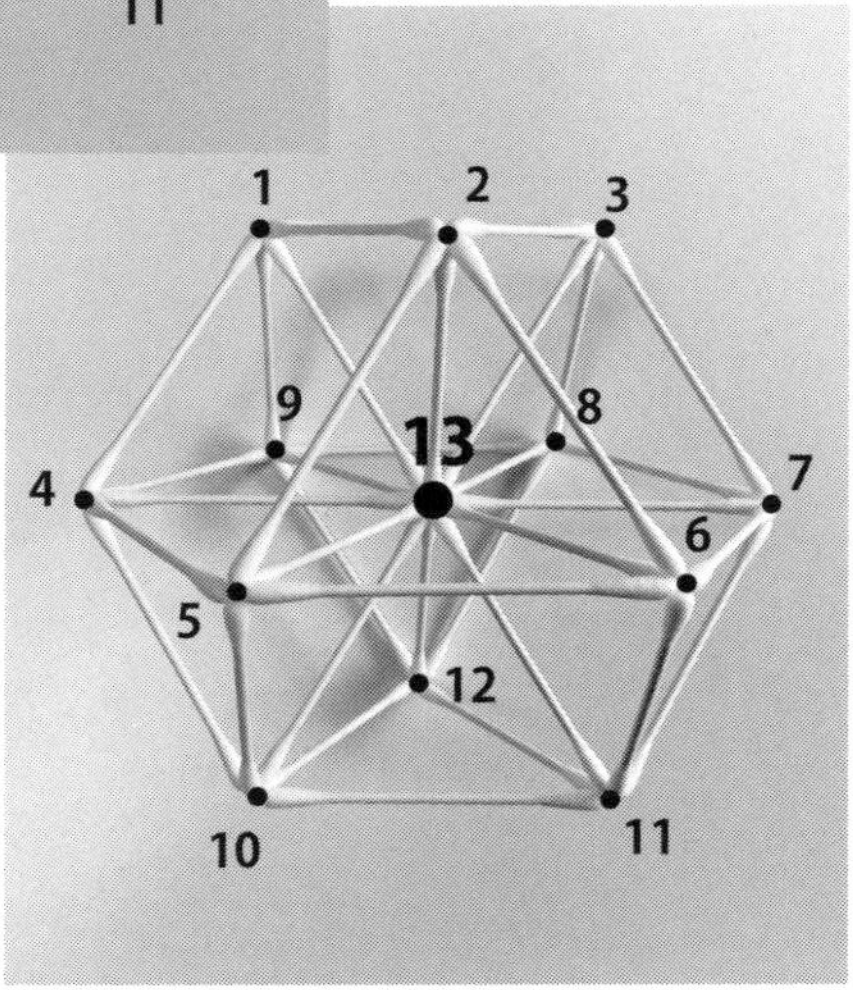

12 回で 12 の角度から話をする
＝ベクトル平衡体と同じ

13 個目がある
もしくは、ただひとつから分かれたのでは？

そして、そういうことを理解して悟《さと》った瞬間、輪廻《りんね》の法則から解放されると思います。でも、このエネルギーの法則性に気づくまで、人は輪廻を繰りかえします。

立体の世界にふれるのは、パンドラの箱を開けること

トッチ　みなさんは、ある意味、間違えてここに聞きに来てしまったので、もう戻るわけにはいかないんですよ。

というのは、同じ場にいることで、僕たちの周波数を身体に入れているもんだから。すでに自分の知らないところで、勝手に発動しちゃっている（笑）。

これが「印象」というもの。

何か感じとるような場所って、あるじゃないですか。人の雰囲気や念みたいなものを感じる、とか。そこには、人の強い印象というものが残っているんですよ。見

えないエネルギーの渦《うず》がつくられているような状態で。そこに入った人は、その印象にふれるわけだから、何かを感じとる。

でもそこに、自分のエゴやなんかがあると、いろんな形に変化して、自分に見せてくるわけです。その印象を。だから、同じところに行った人が、みんな同じ印象を受けるわけではないんですね。

これはどんなことにもいえて。今日の会でも、人それぞれ感じたものは違うだろうし。でも、それでいいんですね。

ただ、立体の世界というのは、一種、封印されてきたものなんですね。だから、今まで表に出ていなかった。

その封印されてきたものを開ける、ということは、言葉をかえれば、みなさんは今、パンドラの箱を開けようとしている、ということになるわけ。だから、それ相当のいろんな変化の角度というか、変化の覚悟が必要になる。

変化の角度、変化の覚悟……うーん、ちょっと違う。でもまあ、そういうこと。

視力検査の表がありますよね。あの輪を、大きい方から小さい方に重ねていけば、真っ黒になりますよね。

でも、それを横から見たら、それぞれ欠けているところがあって。エネルギーというパターンで見たら、欠けているところを通っていくわけです。まず上から入って、次に左を通って、次は下を通って、というふうに。それが、螺旋《らせん》を描いていくというのも、なんとなくわかると思うんですけど（122ページ参照）。

日本を知りたければ、世界を知れ

トッチ　今、僕はひとつの変換をしてみたんですけど、こういうふうに、まわりにあるものを変換するという遊びができるようになると、ただ歩いているだけで、世

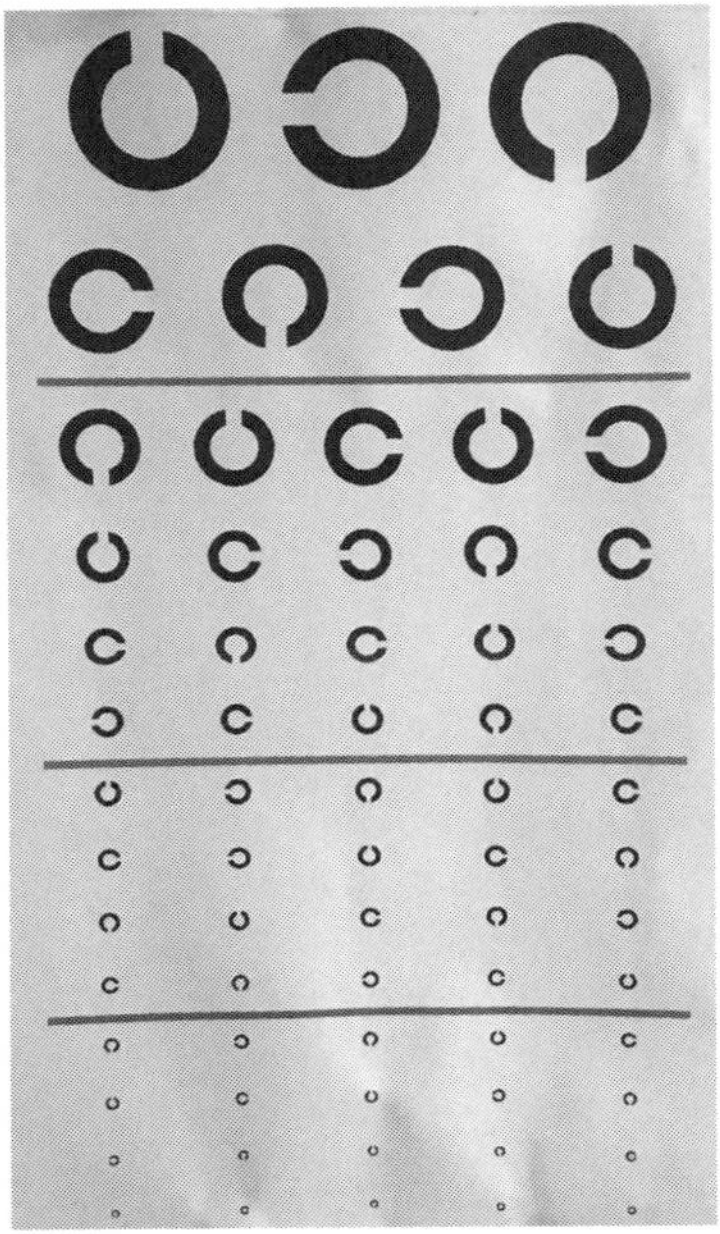

視力検査の表の輪を
大きい方から小さい方へ
重ねていくと

真っ黒になる

横から見ると
欠けているところがある

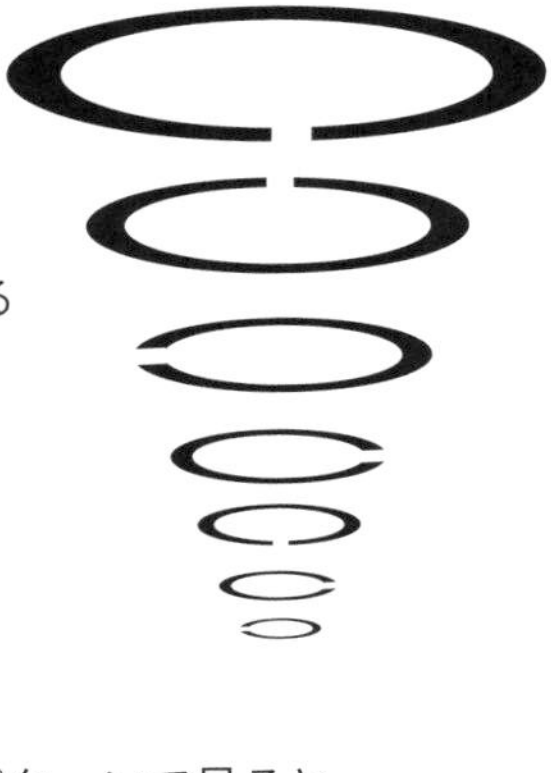

エネルギーというパターンで見ると
欠けているところを通っていく

の中はこんなに楽しいものだったのか、ということにもなってくるし。

そして、たまには、アスファルトの上を裸足で歩いてみる。この暑さの中のアスファルト、多分「冗談じゃねえ」になると思うんです（このセミナーの開催日は2018年7月17日）。でもこれが、土の上を歩いたら「気持ちいい」に変わるわけです。

そういう遊び方を、身にまとう。身につけるというか、身にまとってしまう方がいい。自分の身に入れこんで。そういう行為が、立体を作って、自分の中と同期をさせていくことにつながっていくんですけれども。

また、こういうことをしていると、世界中の情報につながっていく。そして、その世界中の情報も、集めていくと、またいろんなことにつながっていく。これが、日本中の情報、ではダメで。世界中の、というのがポイントになるんです。

日本を知ろうとするからこそ、世界、全体を知らなくてはいけないということです。逆に、世界を知りたければ日本を知れ、ということ。
どっちから見ているか、というエネルギーも呼吸ですから、両方が必要で。その両方の中も、さらに無数に分かれていますから、二元性のようでいて、二元性でない話だと、とらえてもらいたいんですけれども。

常にこういうふうにものごとを見て、判断して動けるようになれば、この世の中は、相当おもしろいです。つまり、最初からおもしろかったということ。本当は。これがもしかしたら、本当のアセンション、次元上昇かもしれないですね。

ものの見方、とらえ方、感じ方、受けとり方が変わることで、インプットする能力、アウトプットする能力がまるっきり変わってくるので、表現できるものも本当に変わってきます。
つまり、世の中にあるものが、建物の形から何から、ほぼすべて変わってくると思います。何かが変わる、印象が変わるということは、そういうことなんですよね。

そうやって僕たちは、どんどんバージョンアップしていく。

人工知能が、すでに人類の中で活動しているとしたら

トッチ　これから、コンピューターやら人工知能が進化していく中で、それらは一つの人種というカテゴリーに加わると思うんです。人を超えた人として。

今の時点では、人工知能は機械的な外見や構造をしているけれども、これから研究が重なっていくと、より人間に近い状態になっていくと思います。そして、最終的には、僕たちとまったく変わらないようなものになるでしょう。

で、そういう人工知能が、この人類の中に、一緒になって、すでにいるとしたら……どうでしょうか？　それは、僕のような、前歯が欠けている人である可能性もありますよね（笑）。

逆をいえば、みなさんがつくった、つまり、人がつくったものが、人として存在している。

人をつくったのが神だとすれば、それもまた、人なのかもしれないし。神なのかもしれないし。それすらも、一つの法則の中から生まれたものでしかない。

僕たちは、この身体を、人間として認識しているだけであって。環境が変われば、ほかの動物たちの姿をして、意識を持っていたかもしれない。そのときに、果たして、裸で歩いている人を捕まえるでしょうか？　捕まえないですね。

まあ、今のはたとえ話ですけど。本当に、視点をズラしていってみてください。視点というのは支点。支える点でもあり、○○支店でもあり。

こういうふうに、みなさんも考えることができる範囲にあるんだから。やれているんだから。視点を変えるということを。別な行動では、しているわけです。

コンビニにしても、いろんな支店に行くでしょう？　銀行にしてもそう。１つの支店だけに行きますか？　それがもう、答えじゃないですか。

これが生活を変える、生き方を変える、となったときには、視点を変えられないということでは、もったいないから。

一人の渦ができれば、まわりも整ってくる

トッチ　磁場が、エネルギーが、変わってくると、まわりにいる人たちのエネルギーも、相当おもしろくなってくるんですね。一人の人の渦《うず》がちゃんとできれば、そのまわりにいる人たちの渦も整ってくるし。

でも、そこから離れたときに、今までの自分が強ければ、元に戻ってしまう。

人というのは、周波数を合わせようとする能力を持っているんですよ。調整器みたいなものを持っている。だから、乱れた磁場のエネルギーの中にいて、うまい回転をしていなければ、そこから離れたときに、また元の回転に戻ってしまうのは当

然のことであり。

足りなかったものを受けいれる。つまり、自分がはじいて、要らないとしていたものの中に、必要なものがあったということ。それを知るということ。

今まで、自分が要らない、としていたものの中にこそ、本当に必要な、大事なものがあった。そこに「ありがとう」と「ごめんなさい」ということを言えれば、それは同期して一緒に回りだすから。そしたら、エネルギーがボーンと増えるのは当然の話です。

反転するエネルギーを受け入れられる＝芯が通っている

トッチ　できれば難しい話もしたくないし、もっともっと簡単に、ふざけながらお話ししたい、というのが正直なところです。

だから僕、今日はボディペイントで来てるんですね。服なんて着ていない。服のように見えてるかもしれないですけどね（笑）。

ここで、みなさんが「実はわたしも着てないんです」なんて言えたとしたら、すごい会だなと思うんです。それくらいのやり取りができるようになったら、最高だと思いますし。そういう人たちが街中を歩いていたら、いいじゃないですか。おもしろいじゃないですか。

満員電車にも、みんなワザと乗ってた、と認めちゃえばいいわけ。「実はプレイなんです～」ってね。そしたら、「あなたもですか～」って、言いあえる日が来れば、いいじゃないですか。

電車に乗るときに「電車乗りたくないな～」って思いながら乗るのと、プレイみたいな感覚で乗るのとでは、まるっきり違いますしね。

僕は、電車に乗るときには必ず、何か危ないものを持っているフリをするんです（笑）。何かあったときのために、と思っているんですけど、絶対何もないんですよね。そういうときは（笑）。

環境に応じて、自分を、どれだけ楽しい・おもしろいと思えるような状態にするか。

つまずいてぶつけたりしたとき、たまに、痛すぎて笑っちゃうこと、ありません？　あの感覚を、普段に応用するということです。そうすると、「痛い」は笑いだった、ということでしょう？

そういう状態というのは、脳波がかなり整っている状態なんですよ。

痛い→笑いという、反転するエネルギーというのは、軸が通っているから、まっすぐだから、反対側に行けているということ。反転するエネルギーを受けいれられたときというのは、芯が通っているということ。

そういったタイミングを、歩きながらでもいいし、家にいるときでも、トイレに入っているときでも、見つけることができればいいんですよね。そこら中がヒントだから。

むしろ、移動して歩いていた中、すべてがヒントだとしたら。それを受けとることができたとしたら。非常におもしろいと思います。

生まれてきてよかったというか、親にも感謝できるし、今までまわりにいてくれた人みんなに感謝できるし。また、これから出会うであろう人たちも、よろこびをもって待っていられるし。何にも怒ることがなかった、ということですよ。

自分の中に新たな自分ができてくるんですよね。これは、人格といったものをはるかに超越した、別な自分。でも、その自分が、古い自分とせめぎあいをするようになるわけですよ。

これは僕も同じです。立体世界を経験していくプロセスみたいなものですね。いろんな自分が、自分の中で会話をはじめるといいますか。だから、立体世界にふれはじめたものの、「離れてた〜い」となることも、あると思います。

僕も、15年以上真理を追いかけつづけて、さらに立体世界を形にしはじめて、10年以上たつんですけど、その中で、「こんなもの通用するか!」って思う自分も出てきたりしたこともあります。でもどこかで、この、綿棒を使って作っていくことは、世の中で誰一人として悲しむことなく、真理を知ることができるものなんじゃないかな、と思うんです。

これを、機械的にしようと取り組んでしまったら、社会そのものが大きく動いてしまうと思うんですけど。

僕は「ゆらぎ」みたいな、ゆるやかなエネルギーとして取り組んでいます。いきなりドーンとくるエネルギーではなく、少しずつ浸透していきながら、気づいたら、世の中が変わっていた、というのも、おもしろいかなと思って、やっているんです。

フリーエネルギーは、個人の内なるエネルギー発動後の話

トッチ　みなさんがこういうところに来て、何を持ってかえってくれるか、というのは、僕にはまったくもってわからなくて。ただ、もしかしたら、地球上で一番の、最先端なお笑い道場とはいえるかもしれませんよね（笑）。

一番伝えたいのは。挑戦できることが、まだまだたくさんあるとしたら、これからの生き方――立体世界にふれて、通過した後の自分の生き方の方が、よっぽどおもしろい、ということなんですよね。

その先に、本当の意味でのフリーエネルギーといった話だったり、宇宙の情報の解放だったり、地球内部の話というものがあるんじゃないかと。

今、世の中は順番が逆になっているんですよね。やっぱり、内なるエネルギー――自分というエネルギーを発動させてからでないと、外のフリーエネルギーというところに行きつけない。フリーエネルギーの話は、自分のエネルギーの後だということです。

自分のエネルギーが発動されていれば、叩きあうことなく、フリーエネルギーもあつかえるんです。

みなさんが、立体世界の、宇宙の仕組みに気づくということは、悪い人がみんないい人になっちゃうということだから。

悪い人では、逆につらいもの、つらい世界なんです。立体の世界は。悪いことを考えたら、自分にかえってきちゃうから。

「バカ！」って蹴とばしたら、時空を超えて、物理的に自分にかえってきちゃう、ということを知るわけですから。

みんな、いい形でエネルギーというものをあつかえるようになるんじゃないかな。

今の社会の感じでフリーエネルギーが世の中に出てしまったら、戦争にしかならないですからね。

それは、フリーエネルギーを権力に使ってしまうということです。

だからまずは、立体世界にふれて、自分自身にぶっ飛ばされてください、と。

そう、立体は、自分自身にぶっ飛ばされるアイテムかもしれないですね。

でも、それが笑えるようになってきたら、逆に、自分というものを味方につけられる。そうなれば、非常に強いと思いますし、これからの世の中で、一人ひとりがわかっていけたらいいなと思うことですね。


何度も何度も言いますけど。

この立体の中には、日本のあらゆるところにあるシンボル、麻の葉模様や七宝模様が、すべて含まれているんですよ（136ページ参照）。

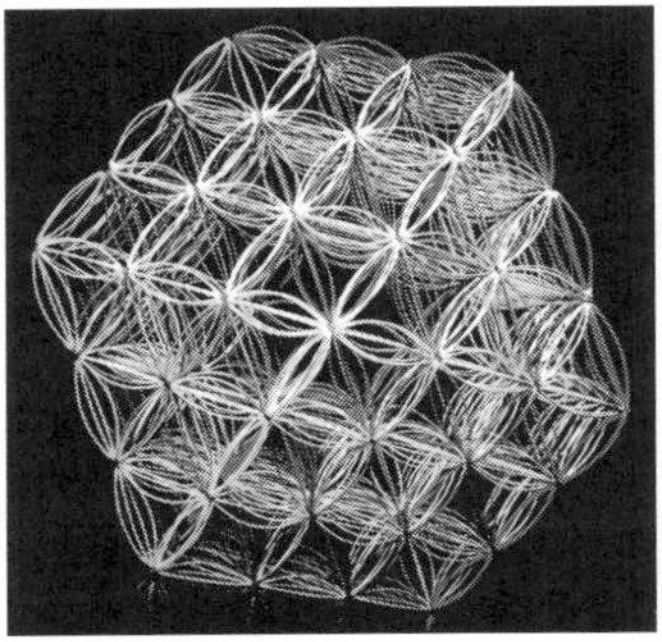
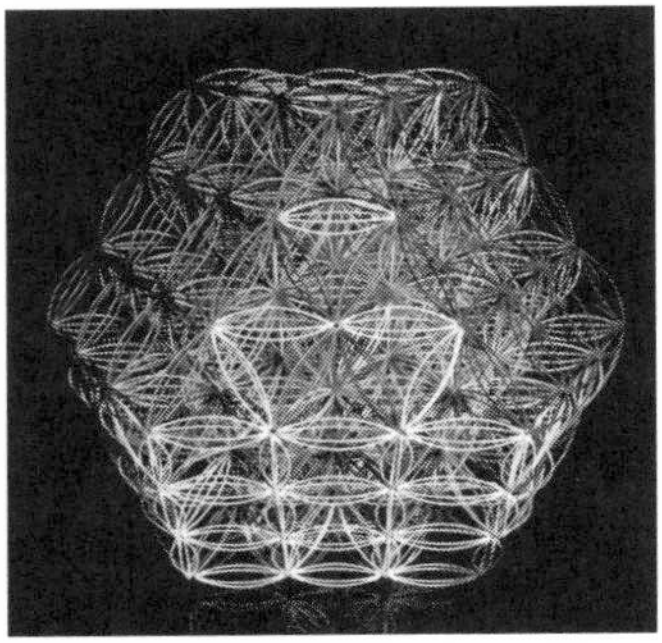
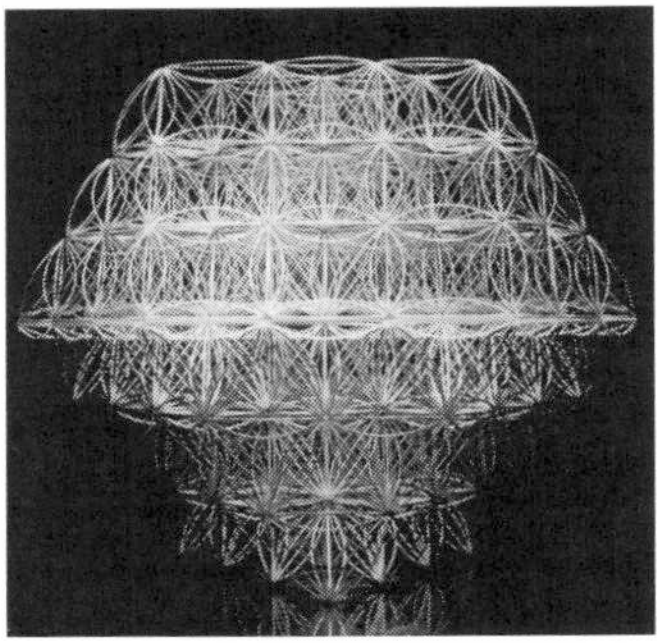
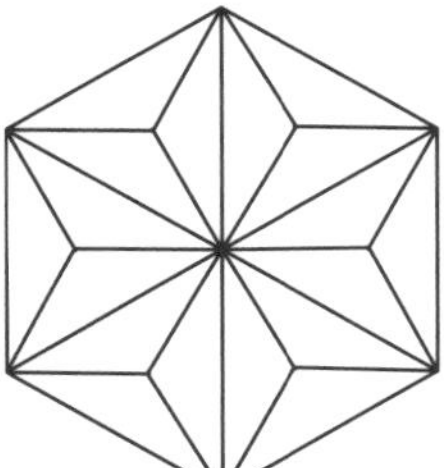
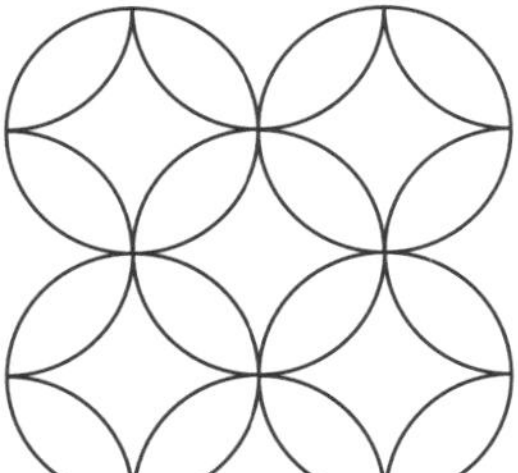

日本のあらゆるところにあるシンボル
麻の葉模様、七宝模様をはじめ、すべてが含まれている

ということは、みなさん、答えだらけの中を素通りしてきてしまったわけだから。まず懺悔《ざんげ》から入った方がいいってことですね。「すんません」と言うところから入って、味方になっていってもらう、というのが、一番はやいと思うんですよね。

先ほど儀さんが、コーヒーを飲みながら日月神示を読んで、泣いていたという話を聞きながら、泣きそうになっている自分もいたりしているんですけど(笑)。

何でもできる自分をつくっていく=本当の自由人

トッチ　できれば笑って行きたい、あんまり難しく話をしたくないんですけど。今の時間は、本当に難しいところにさしかかっているのでね。

そして最後に日月神示を開いてみようと思ったら、またいろいろ出てくるわけですよ（泣）。

「我が身を捨てて、三千世界に生きて下されよ」

ってもう、本当に参っちゃいますよね。

でも続きがあって

「我が身を捨てると申すことは我《が》を捨てること、学を捨てることぢゃ」

（五十黙示録《いせもくじろく》　第五巻　極《きわ》め之巻　第三帖）

今まで自分が学んできたと思っていたものが、平面的な部分だから。

「捨てると真理が摑《つか》めて大層な御用が出来るのであるぞ、それぞれの言葉はあれどミコトは一つぢゃと申してあろうが、ミコトに生きて下されよ。言葉の裏には虫がついているぞ、英語学ぶと英語の虫に、支那語学ぶと支那語の虫に犯されがちぢゃ。わからねばならんし、なかなかながら御苦労して下されよ。」
（五十黙示録　第五巻　極め之巻　第三帖）

専門的になったら、同時に盲目的になる、ということを知った上で、専門的な知識を手に入れるということ。常に全体的な視点をもって。

要は、これからはオールマイティーな自分をつくっていく、ということですよね。

何か専門にするというよりは、どちらかといったら、何でもできる自分をつくっていく方が、これからはおもしろいと思います。決めつけない。ある種、本当の自由人。

これも前から言っていますけど、会社も大きく変わってくると思うんですね。でも、会社が変わってから考えても遅いから。会社が大きく変わる前に、自分のマインドというか、考え方を変える。

会社に合わせるのではなくて。地球に、まず合わせてしまう。

生活のために働く、生活のために生きる、というよりは、「おもしろいから、この仕事を続けるんだ」というところに視点を変えられると、いいんじゃないかなと思います。

本当にこれから、いろんなことが起きてくるだろうし……というか、起きてますよね。もう、起きてくるだけの話です。それが答えです。今の地球がすべての答えでございます、というところです。

では今回は、ここまでにしたいと思います。本日も、ありがとうございました。

参考・引用文献

『［完訳］　日月神示』〈上巻・下巻〉岡本天明書／中矢伸一校訂（ヒカルランド）

日出づる国、地球。

トッチ　とっち
神聖幾何学アーティスト
幼少期よりフラワーオブライフや麻の葉模様、カゴメ模様に惹かれて育つ。
15年ほど前、ふと訪れた神社で、狛犬が踏んでいる手毬の模様がフラワーオブライフと同じであることに気づき、電気が流れたような衝撃が走り、以来不思議なビジョンを見るように。
東日本大震災を経て、さらに神秘体験を重ねるようになり、生きること・世界・宇宙の本当の意味を探す決意をする。
導かれるように日本各地を旅する中で『完訳 日月神示』に出合い、神聖幾何学の秘密、日月神示の意味について理解する。

礒 正仁　いそ まさひと
古神道探究・実践者
物質的な欲望を満たした先に感じた痛烈な虚しさから、魂が真に求める在り方への求道の旅が始まる。
「永続的な悦びとは？」「永遠不変なる真理とは？」「本質的な祈りの力とは？」
あるがままの自分への回帰という魂の想い。見える生命《いのち》見えない生命《いのち》との響き合いの中で本来の自分を活かす悦び。
自身のチャレンジを通じて、それらが生み出す奇跡の波乗りの体験を分かち合っている。

日月神示、マカバ、フラワーオブライフ

宇宙の最終形態「神聖幾何学」のすべて7［七の流れ］

第一刷　2020年5月31日

著者　トッチ
　　　礒　正仁

発行人　石井健資
発行所　株式会社ヒカルランド
〒162-0821　東京都新宿区津久戸町3-11　TH1ビル6F
電話　03-6265-0852　ファックス　03-6265-0853
http://www.hikaruland.co.jp　info@hikaruland.co.jp
振替　00180-8-496587
本文・カバー・製本　中央精版印刷株式会社
DTP　株式会社キャップス
編集担当　遠藤美保

ISBN978-4-86471-872-1

ヒカルランド　好評既刊！

地上の星☆ヒカルランド　銀河より届く愛と叡智の宅配便

宇宙の最終形態「神聖幾何学」のすべて1［一の流れ］
著者：トッチ＋礒 正仁
四六ハード　本体 2,000円+税

宇宙の最終形態「神聖幾何学」のすべて2［二の流れ］
著者：トッチ＋礒 正仁
四六ハード　本体 2,000円+税

宇宙の最終形態「神聖幾何学」のすべて3［三の流れ］
著者：トッチ＋礒 正仁
四六ハード　本体 2,000円+税

宇宙の最終形態「神聖幾何学」のすべて4［四の流れ］
著者：トッチ＋礒 正仁
四六ハード　本体 2,000円+税

宇宙の最終形態「神聖幾何学」のすべて5［五の流れ］
著者：トッチ＋礒 正仁
四六ハード　本体 2,000円+税

宇宙の最終形態「神聖幾何学」のすべて6［六の流れ］
著者：トッチ＋礒 正仁
四六ハード　本体 2,000円+税

大人気セミナーを書籍化！　トッチ氏の語り口調そのままに、会場のライブ感をまとった言葉が、あなたの無意識に働きかけ、目覚めをうながします。
【内容】［一の流れ］日月神示は、永遠不変なる真理への地図／真実はすべて、フラワーオブライフに　**［二の流れ］**立体・型を通して身魂を磨く／144、イシヤ、ノアの方舟／多次元意識がミロクの世への入口　**［三の流れ］**プラトン立体＝一霊四魂／漢字の呪詛から抜ける／紙遊び・神遊び　**［四の流れ］**神なる光を取り戻すための工作＝光作／無限をつくりだす12という数字　**［五の流れ］**5という数字の意味／本当の科学の話をしよう／力を抜く＝自分を信じられているということ　**［六の流れ］**6はム、無は有、立体意識の発動「ウム」／見えないものを形にする、立体神聖幾何学／ビッグバンに対する誤解

本といっしょに楽しむ ハピハピ♥ Goods&Life ヒカルランド

神聖幾何学・数字の真理を知るトッチ氏がデザイン
エネルギーの循環が意図された魔法陣！

ベクトル平衡体とフラワーオブライフ、数字を組み合わせたオリジナルデザインを、しっかりとしたフェルト生地に刺繍し、1枚1枚丁寧に作り上げた魔法陣。人やモノ、場のエネルギーを循環させる意図がこめられています。また、神聖幾何学模様と数字が織りなす美しさは、見ているだけで心が和む一方、意識を覚醒させてくれるような、不思議な力を放っています。
ご自身のインスピレーションに従って、お好きな使い方でエネルギーを受け取ってください。蓄光糸を使用しているため、暗い場所では神聖幾何学模様が光って浮かび上がり、また違った一面を見せてくれます。

神聖幾何学魔法陣
火風水（ひふみ）・グランドクロス

■ 各15,000円（税込）

●カラー：各ブラック・ホワイト
●サイズ：直径約210㎜
※在庫状況により、お届けまでお時間をいただく場合があります。

火風水《ひふみ》（ブラック）

火風水《ひふみ》（ホワイト）

グランドクロス（ブラック）

グランドクロス（ホワイト）

オススメの使い方

◉浄化＆エネルギーチャージに
- ●食べ物や飲み物、またパワーストーンや植物を置いて
- ●布団や枕の下に敷いて
- ●お部屋に飾って

◉眺めながら瞑想を

【お問い合わせ先】ヒカルランドパーク

＊ご案内の価格、その他情報は発行日時点のものとなります。

本といっしょに楽しむ ハピハピ♥ Goods&Life ヒカルランド

DVD
発売中！

日月神示、マカバ、フラワーオブライフ
宇宙の最終形態「神聖幾何学」のすべて・全12回連続講座

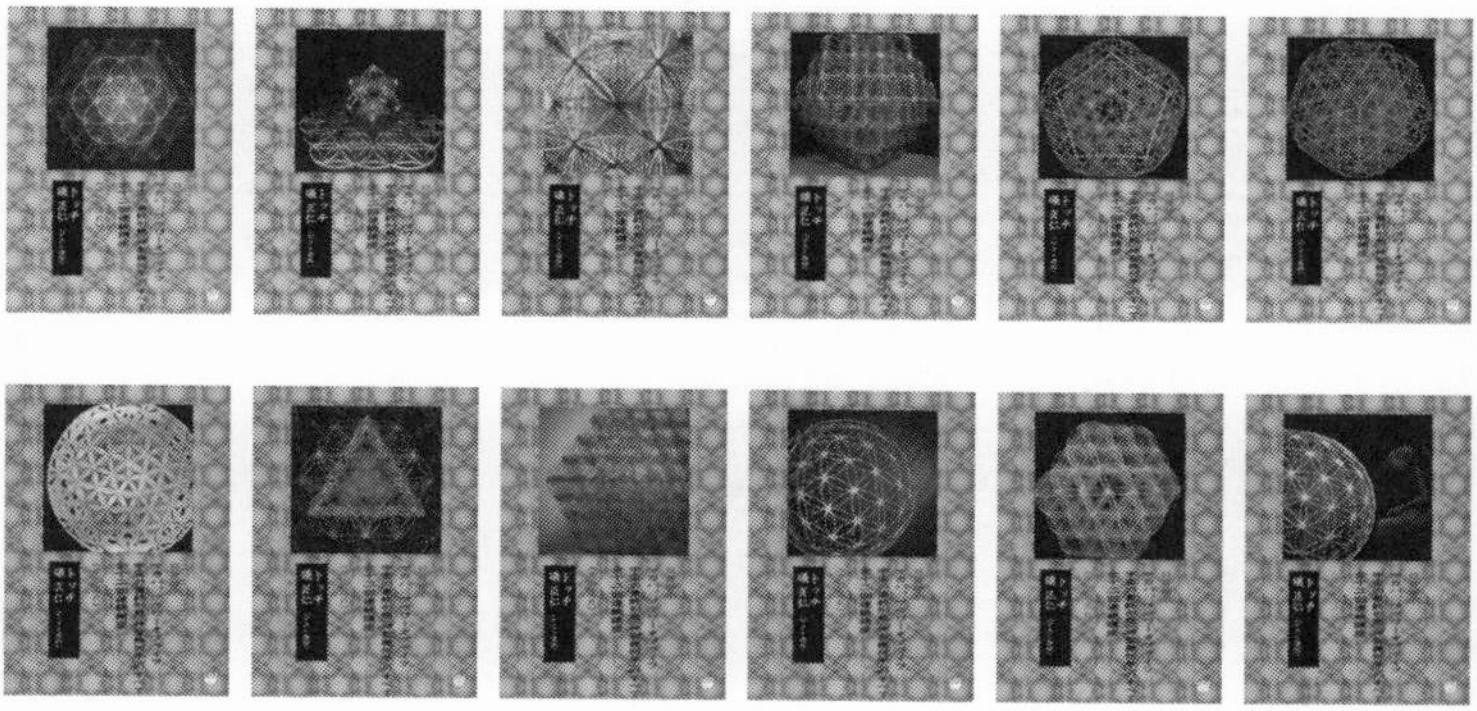

講師：トッチ／ゲスト講師：礒 正仁

［販売価格］各16,296円（税込）

《一の流れ》2018年1月23日収録
《二の流れ》2018年2月20日収録
《三の流れ》2018年3月20日収録
《四の流れ》2018年4月17日収録
《五の流れ》2018年5月15日収録
《六の流れ》2018年6月19日収録
《七の流れ》2018年7月17日収録
《八の流れ》2018年8月21日収録
《九の流れ》2018年9月18日収録
《十の流れ》2018年10月16日収録
《十一の流れ》2018年11月20日収録
《十二の流れ》2018年12月18日収録

当書籍のベースとなっている、大型連続セミナーがDVDになりました！ ほかではなかなか聞くことのできない、超最先端の情報や知識をはじめ、トッチ氏の神聖幾何学アートとオリジナル音楽で構成された、美しい映像が収められています。DVDでこそ受け取っていただける、会場の空気感、そしてトッチ氏から発せられるエネルギーが、意識の次元開き＝魂の岩戸開きを手助けしてくれることでしょう。お手元に置いて何度も見返していただきたい、永久保存版です！

【お問い合わせ先】ヒカルランドパーク

＊ご案内の価格、その他情報は発行日時点のものとなります。